ÉTUDES

SUR

LE FINISTÈRE SOUS LA RÉVOLUTION

LES VOLONTAIRES DU FINISTÈRE

ET

LA PRISE DES TUILERIES

(10 Août 1792)

(JOURNAL D'UN VOLONTAIRE)

d'après des documents inédits

PAR JEAN SAVINA

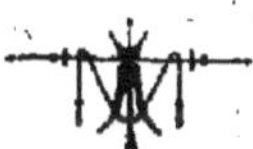

QUIMPER

IMPRIMERIE A. LEPRINCE, 54, PLACE SAINT-CORENTIN

1909

ÉTUDES
SUR
LE FINISTÈRE SOUS LA RÉVOLUTION

LES VOLONTAIRES DU FINISTÈRE

ET

LA PRISE DES TUILERIES

(10 Août 1792)

(JOURNAL D'UN VOLONTAIRE)

d'après des documents inédits

PAR JEAN SAVINA

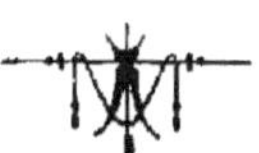

QUIMPER
IMPRIMERIE A. LEPRINCE, 54, PLACE SAINT-CORENTIN
—
1909

A M. Anatole LE BRAZ

*En témoignage d'affection
et de reconnaissance.*

TABLE DES MATIÈRES

Voici une modeste contribution à l'histoire des volontaires du Finistère. Notre département a fourni aux armées de la Révolution un contingent considérable de soldats d'élite. Nous n'avons pas eu l'ambition d'écrire une monographie départementale des nombreuses formations de volontaires finistériens. Nous avons borné le champ de nos investigations à l'histoire de l'une de ces formations : « La Division du Finistère » qui participa à la prise des Tuileries, le 10 août 1792.

Sans aucune recherche d'originalité, sans prétention littéraire, nous nous sommes effacé devant nos documents et, autant que possible, nous avons laissé parler les contemporains.

Dans notre humble travail, nous avons été guidé par une pensée plus haute que la satisfaction d'une vaine curiosité. Nous avons cru faire œuvre utile. L'histoire de nos volontaires est éminemment propre à l'éducation civique de la jeunesse, car elle offre d'innombrables exemples du plus absolu dévouement à la chose publique et du patriotisme le plus ardent et le plus pur. On ne saurait trop mettre sous les yeux des générations actuelles les nobles vies de ces obscurs héros du passé qui embrassèrent d'une âme si fervente l'avenir.

Enfin, les pages qui suivent sont un faible hommage inspiré par notre piété affectueuse pour nos volontaires trop oubliés. Nous avons contracté une dette imprescriptible et sacrée envers ceux qui sauvèrent la France et la liberté dans les jours sombres et désespérés de la Révolution. Gardons-en le souvenir. Malheur aux peuples qui oublient leur histoire, malheur surtout aux démocraties qui méconnaissent leurs origines. Et pourtant, un siècle à peine a passé et déjà l'oubli s'est fait sur les noms et sur les traits d'héroïsme des soldats de la première République. Ces héros qui résumaient dans leur esprit et dans leur cœur toutes les aspirations généreuses de la Grande Époque eurent conscience d'avoir collaboré à une œuvre glorieuse et immortelle. Ils conquirent notre liberté au prix de leur sang et ils pouvaient, en mourant, se flatter de survivre dans la mémoire de la postérité. Espérance trompeuse : ni le bronze, ni la pierre, ni leurs fils, hélas ! n'ont conservé leurs noms. C'est à peine si les chercheurs passionnés des choses d'autrefois, retrouvent encore au fond des archives quelques listes d'enrôlement jaunies et poussiéreuses.

Vienne enfin le jour où chaque village du Finistère rendra à ses volontaires l'hommage qui leur est dû : ce sera une œuvre de réparation Puissions-nous y avoir contribué en faisant un peu plus de lumière sur quelques-uns de ces volontaires.

Douarnenez, 14 février 1909.　　　　　　J. S.

INTRODUCTION

A. — Le Finistère et la Révolution

Il est digne de remarque que le Finistère, long-temps condamné à l'isolement par sa situation géo-graphique à l'extrémité de notre territoire (1) ait été si intimement mêlé, sous la Révolution, à la vie de la nation française. Alors que la Vendée et la Haute-Bretagne restaient en grande partie fidèles à la tradition monarchique et religieuse, le Finistère, moins arriéré qu'on se plait à le croire, prit parti résolument pour le régime nouveau. Une fatalité de la nature l'avait tenu pendant des siècles à l'écart de la civilisation ; il avait trop souffert de cet isolement pour persister dans ses tendances particularistes. Il entendait, certes, conserver sa langue, sa foi, ses mœurs et ses usages antiques, mais en les conciliant avec les institutions politi-ques et sociales nouvelles. Aussi montra-t-il un

(1) Cet isolement fut très réel pendant de longs siècles pour la Bretagne intérieure : l'Argoat. Il faut reconnaître cependant qu'il n'existait plus à la veille de la Révolution, du moins pour le lit-toral : l'Armor, « le pays de la mer ». La mer, en effet, est un véhicule de nouveautés. Loin de notre pensée, par conséquent, de vouloir expliquer l'esprit révolutionnaire en Basse-Bretagne par un en-gouement passager, une illumination soudaine, une sorte de miracle. Cet esprit révolutionnaire, en Armorique comme ailleurs, avait des origines lointaines et si le Finistère épousa les idées nou-velles, c'est que les idées nouvelles y avaient déjà été préparées. Pas plus en histoire humaine qu'en histoire naturelle, il n'y a de génération spontanée et « la nature ne fait pas de sauts. »
En réalité, ce sont les conditions économiques qui ont facilité la libération chez les Finistériens et qui ont au contraire maintenu l'esprit de servitude chez les Vendéens et les Hauts-Bretons, comme chez les Morbihannais.

attachement inébranlable à la cause de la Révolution. Quand la liberté, quand toutes les conquêtes récentes furent menacées, « quand la Patrie fut aux abois et qu'elle désespérait presque, il se trouva une fois de plus, des poitrines et des têtes bretonnes plus dures que le fer de l'étranger. (1)

Si l'insurrection vendéenne put être circonscrite et vaincue, ce fut surtout grâce à l'élan patriotique et révolutionnaire de la population de la Basse-Bretagne et du Finistère particulièrement. La Vendée et la Bretagne unies dans une action commune eussent été sans doute invincibles. C'étaient Brest et Lorient livrés aux Anglais et la Révolution étouffée peut-être. Mais, les « Bleus » du Finistère sauvèrent la France « en assurant à la Révolution la redoutable pointe qui fait l'arrière-garde de l'Ouest ». « La Haute-Bretagne, l'Anjou, le Maine et la Vendée dans tous leurs mouvements, sentirent qu'ayant Paris et la Révolution en face, ils avaient dans le dos Brest et le Finistère qui étaient encore la Révolution. » (2)

Dès 1789, les populations du Finistère adhérèrent avec enthousiasme aux principes de la Révolution. Cette adhésion fut aussi ferme que spontanée.

On sait que le mouvement fédératif, qui devait aboutir le 14 juillet 1790, à la grande Fédération parisienne, partit du Finistère. Le 26 octobre 1789, sur l'initiative de Quimper, Brest et Carhaix, le premier pacte fédératif fut signé à Lannion, au nom

---

(1) Michelet : *Tableau de la France.*
(2) Michelet : *Histoire de la Révolution.* L. VIII, chap. II.

d'une quinzaine de villes de la Basse-Bretagne. Puis, le 26 novembre, la municipalité de Quimper élargit la pensée de Fédération ainsi née, en l'étendant à toute la Bretagne et à l'Anjou. Les deux fédérations bretonnes-angevines eurent lieu à Pontivy en janvier et février 1790. La Fédération militaire du 15 janvier comprit 149 députés, des jeunes volontaires nationaux et la Fédération des municipalités du 15 février, réunit 168 députés, représentant 128 municipalités.

Les jeunes volontaires prêtèrent ce serment :

« Nous jurons par l'honneur sur l'autel de la Patrie, en présence du Dieu des armées, amour au Père des Français. Nous jurons de rester à jamais unis par les liens de la plus étroite fraternité. Nous jurons de combattre les ennemis de la Révolution, de maintenir les droits de l'homme et du citoyen, de soutenir la nouvelle constitution du royaume et de prendre, au premier signal du danger, pour cri de ralliement de nos phalanges armées : « Vivre libre ou mourir ! » (1)

Le pacte fédératif des municipalités était ainsi conçu :

« Nous Français, citoyens de la Bretagne et de l'Anjou, assemblés en congrès patriotique à Pontivy par nos députés pour pacifier les troubles qui désolent nos contrées et pour nous assurer à jamais la liberté que nos augustes représentants et un roi citoyen viennent de nous conquérir ;

Nous avons arrêté et arrêtons d'être unis par les

____

(1) J. Trévédy : *Les deux fédérations de Pontivy*, p. 59.

liens indissolubles d'une sainte fraternité, de nous porter des secours mutuels en tous temps et en tous lieux, de défendre jusqu'à notre dernier soupir la constitution de l'État, les décrets de l'Assemblée nationale et l'autorité légitime de nos rois ;

Nous déclarons solennellement que n'étant ni Bretons, ni Angevins, mais Français et citoyens du même Empire, nous renonçons à tous nos privilèges locaux et particuliers et que nous les abjurons comme inconstitutionnels ;

Nous déclarons qu'heureux et fiers d'être libres, nous ne souffrirons jamais que l'on attente à nos droits d'hommes et de citoyens et que nous opposerons aux ennemis de la chose publique, toute l'énergie qu'inspire le sentiment d'une longue oppression et la confiance d'une grande force ;

Nous invitons et nous conjurons tous les Français, nos frères, d'adhérer à la présente coalition qui deviendra le rempart de notre liberté et le plus ferme appui du trône.

C'est aux yeux de l'univers, c'est sur l'autel du Dieu qui punit les parjures que nous promettons et que nous jurons d'être fidèles à la nation, à la loi et au roi et de maintenir la Constitution française. »

Ces serments furent, hâtons-nous de le dire, ponctuellement tenus. Toutefois, la fidélité au roi, déjà bien ébranlée, fut complètement détruite après la fuite à Varennes. Le 14 juillet 1791, en effet, la fête de la Fédération étant célébrée à Quimper « avec toute la décence et tout l'appareil dont elle était susceptible », des députés des neuf districts du Finistère se rendirent au chef-lieu. Par excès de scrupules, les fédérés consentirent à prêter littéralement le serment du 14 juillet 1790, mais demandèrent au Directoire de leur décerner acte qu'en prêtant serment de fidélité au roi « ils n'entendaient désigner par cette dénomination que le citoyen élevé par la loi à la place de chef suprême du pouvoir exécutif et ne lui être fidèles qu'autant qu'il emploierait son pouvoir à maintenir la Constitution. » (1)

A partir de ce moment, l'enrôlement des volontaires se poursuivit dans le Finistère presque sans interruption jusqu'en 1794.

B. — Aperçu des formations militaires organisées dans le Finistère sous la Législative et la Convention

Le 21 juin 1791, lors de la fuite du roi, la Constituante décréta la levée de 97.000 gardes nationaux. Le Finistère fournit 1.722 volontaires (3 bataillons de 574 hommes). (2)

1er Bataillon. — (3) Formé à Brest, le 22 octobre

---

(1) Archives du Finistère. — Procès-verbal de la Fédération de 91 à Quimper. L. 13.

(2) Archives du Finistère. L. 6, 11, 13 passim.

(3) Appelé plus tard 2e bataillon. Le 4 mars 1792, les trois commandants se rendirent à Quimper et, en présence de l'administration du département, tirèrent au sort pour le rang des bataillons. Par l'effet du sort, le 2e bataillon devint le 1er et le 1er devint le 2e.

1791, le 1ᵉʳ bataillon comprenait 566 hommes répartis en 9 compagnies dont une de grenadiers et 8 de fusiliers.

Commandant : Pierre Mézangeau ; lieutenant-colonel : François-Théophile Le Loutre ; capitaines : Jacques Baron, Félix Porquier, Paul Rouget, François Moreau, Louis Laugée, Joseph Chauteau, Maurice Guiard, Sébastien Moreau, François Cuiff.

Ce bataillon resta à Brest jusqu'en juillet 1792. En 1793, il fit partie de l'armée du Rhin et Moselle sous le commandement de Custine.

2ᵉ Bataillon. — Organisé à Brest le 3 novembre 1791. (9 compagnies, 553 hommes). Commandant : Charles-François Filon ; lieutenant-colonel : Jean Capelle ; capitaines : Antoine Harault, Jean Holfait, Guillaume Kerséan, Noël La Rivière, Thomas Chassereau, Guillaume Pouliquen, André Jolly-Fontenay, Jérôme Tiret et Jean Ségaux.

Le 2ᵉ bataillon tint garnison à Morlaix, puis à Saint-Pol-de-Léon, en juin 1792. Il fit ensuite partie de l'armée du Nord.

3ᵉ Bataillon. — Formé à Quimper en février 1792. Commandant : de Kerguélen ; capitaines : Hébert, Lacroix, Bouvaiche, Michaud, Dubuisson, Papillard, Gremel, Le Gros, Lucin.

Ce bataillon s'embarqua à Lorient le 20 juillet 1792, pour les colonies. A la date du 21 décembre 1794, des renseignements officiels le donnaient comme totalement détruit.

L'effectif de chacun de ces trois bataillons fut

porté à 800 hommes en juillet 1792 (loi déclarant la Patrie en danger).

Division du Finistère. (1) — Destinée à protéger l'Assemblée législative, organisée à Morlaix, le 3 juillet 1792, elle arriva à Paris le 25 juillet et participa à la prise des Tuileries (10 août 1792).

Pierre Desbouillons, capitaine ; Jean Blaquière, Jean-Pierre Fontaine et Nicolas Leissègues, lieutenants.

2ᵉ Division du Finistère. (2) — Compagnie de volontaires formée à Quimper le 24 août 1792. Cette compagnie se rendit à Soissons, le 19 septembre, et entra avec six compagnies des Deux-Sèvres et une compagnie de la Gironde dans la composition du 22ᵉ bataillon de volontaires nationaux. (Formation du corps de réserve de 42 bataillons).

Evrard, capitaine ; Gentil, lieutenant ; Puteau, sous-lieutenant.

Compagnie franche nommée « chasseurs de Morlaix. » (3) — Compagnie de 78 gardes-nationaux volontaires partie de Morlaix le 21 août 1792, arrivée à Arras le 16 septembre, incorporée plus tard dans le 32ᵉ bataillon d'infanterie légère de l'armée du Nord.

Capitaine : Kerbriand ; lieutenant : Jourtet ; sous-lieutenant : Guyomar.

Service des batteries de la rade de Brest et des côtes du Finistère. (4) — En août 1792, 3.372 volontaires destinés aux batteries des côtes furent organisés

---

(1, 2, 3) Arch. du Finistère. L. 13 passim.

(4) Id. L. 6, 7, 8 passim.

en compagnies détachées par le citoyen Richard-Duplessis, administrateur et commissaire du département du Finistère. Le service de ces batteries fut dirigé par des officiers d'artillerie de la marine.

Le 6 juin 1795, il ne restait sur ces batteries que 1.500 hommes au plus, par suite des congés accordés pour les travaux de l'agriculture et de la désertion d'un grand nombre de volontaires causée par le renchérissement des vivres. Des mesures énergiques durent être employées par le Directoire du Finistère et les représentants en mission pour ramener les canonniers à leurs postes.

Compagnie des dragons nationaux de Brest. (1) — Une compagnie de gardes nationaux à cheval se forma à Brest en 1792 (capitaine Ponsard). Elle fit dans ce district le service de la gendarmerie nationale. 25 dragons de cette compagnie firent partie de la « division du Finistère » destinée à la garde de la Convention (24 janvier-19 mai 1793).

En vertu d'un décret du 22 juillet 1793, cette compagnie fut incorporée à un escadron de cavalerie à Châteaudun (17 frimaire, an II).

Division des fédérés du Finistère destinée à la garde de la Convention. (2) — Cette force armée de 317 volontaires, formée à Quimper en janvier 1793, défendit la Convention le 10 mars et combattit ensuite les rebelles de la Vendée (avril 1793).

Souché de la Brémaudière, commandant ; Mérienne, q. m. trésorier.

---

(1) Arch. L. 17, 82, 99 passim.

(2) Id. L. 13 passim et Reg. des délibérations.

Armée des côtes. (1) — Le Finistère dut fournir un contingent de 3.000 hommes à l'armée des côtes échelonnée entre Nantes, Lorient, Brest, Saint-Brieuc et Saint-Malo (loi du 24 février 1793). Les districts de Brest et Lesneven fournirent 798 recrues (7 compagnies), Quimper et Châteaulin 688 (6 compagnies), Carhaix 255 (2 compagnies), Landerneau, 328 (3 compagnies), Morlaix, 426 (4 compagnies), Quimperlé, 258 (2 compagnies).

Le 6 juin, le général Canclaux, commandant de l'armée des côtes de Brest, ayant appelé 1.200 finistériens à combattre les rebelles de la Vendée et du Morbihan, la levée primitivement fixée à 3.000 hommes fut portée à 4.400.

Un arrêté du comité de Salut public (4 pluviose, an II), prescrivit l'incorporation de cette levée dans les anciens cadres de l'armée du Nord et des Ardennes (février 1794).

Force départementale. (2) — (4ᵉ division du Finistère). Organisé en vue de la défense des Girondins, ce bataillon de 600 fédérés devait renforcer dans l'Eure l'insurrection girondine. Il quitta Quimper le 22 juin et fut désarmé à Morlaix le 10 août 1793. Souché de la Brémaudière, commandant ; Mérienne, commissaire civil.

Compagnie de pionniers. (3) — Un arrêté des commissaires de la Convention (18 juillet 1793), ordonna la création de 9 compagnies de pionniers (450 hom-

---

(1) Arch. Reg. nᵒˢ 22 et 23.
(2) Id. L. 75.
(3) Id. L. 7.

mes) affectées à l'armée des côtes, en vue de la répression de la chouannerie.

Réquisition de janvier 1794. (1) — Conformément au décret de la convention (27 septembre 1793), le comité de salut public ordonna la réquisition des trois quarts des bataillons du Finistère déjà en activité de service. (Janvier et février 1794)

Bataillon des Antilles. — Organisé à Brest en octobre et novembre 1794 par un représentant du peuple. (Exécution d'un arrêté du comité de salut public du 1er fructidor, an III).

Indépendamment de ces diverses formations, les populations de nos côtes fournirent des centaines de marins pour l'armement des vaisseaux de la marine nationale. Comme on le voit, le département du Finistère avait bien mérité de la Patrie et de la République.

C. — Les Volontaires du Finistère et la politique intérieure de la Révolution

Les volontaires du Finistère intervinrent à trois reprises dans la politique intérieure (en août 1792, en mars et juillet 1793).

Les administrateurs du Finistère, de 1790 à 1793, furent des hommes remarquables, estimés et respectés de tous. Anciens militaires, hommes de lois, commerçants ou cultivateurs, tous également dé-

____

(1) Arch. L. 119 passim.

voués au bien public, ils déployèrent pendant trois ans une activité prodigieuse. Aux prises avec de nombreuses difficultés, dont les principales résultaient de l'établissement de la constitution civile du clergé, ils ne cessèrent de lutter contre les partis extrêmes, contre les partisans de l'ancien régime d'abord, contre les jacobins exaltés ensuite. C'étaient des hommes modérés, fermement attachés à la Révolution, mais défenseurs résolus de l'ordre et de la légalité.

Le président du Directoire, de Kergariou, gentilhomme, maréchal de camp en retraite, jouissait auprès de ses collègues du Conseil général d'une autorité incontestée. « Par la dignité de son caractère, autant que par son âge, sa position, ses lumières et la parfaite bienveillance qu'il apportait dans toutes ses relations, il était appelé à exercer un grand ascendant sur ses collègues. Aussi fut-il l'âme de leurs délibérations. Il avait la fermeté, l'esprit de décision, l'expérience que donnent l'habitude des hommes et la pratique des affaires. Associé à toutes les idées de son temps, il en partageait les espérances. » (1)

Les administrateurs du Finistère étaient en somme des Girondins. On les accusa plus tard de fédéralisme. L'accusation n'était nullement justifiée : ils s'en défendirent avec indignation. Ils n'intervinrent dans la politique générale que pour défendre la Constitution, la liberté et l'inviolabilité de la représentation nationale.

---

(1) Le Guillou-Penanros : adm. du Finistère, p. 25.

La première intervention (en juillet et août 1792) fut motivée par le renvoi du ministère girondin, le refus du roi de sanctionner les décrets contre les émigrés et les prêtres réfractaires, et par les menaces dont la Législative était l'objet. Nous verrons plus loin, dans quelles circonstances la « Division du Finistère » participa à la prise des Tuileries et à la chute de la royauté. (1)

Les deux autres interventions eurent pour cause le rôle prépondérant et exagéré que s'arrogeait Paris dans l'État. Les administrateurs du Finistère et leurs compatriotes n'entendaient pas subir la tyrannie de la commune de Paris. Ils voulaient que la capitale fût réduite « à un quatre-vingt-troisième d'influence comme les autres départements. » Le 22 septembre 1792, le Directoire du Finistère fit arrêter à Quimper un agent de la commune de Paris, Royou-Guermeur. Puis, le 19 octobre, l'administration du Finistère écrivit une lettre menaçante aux 48 sections de Paris :

« Des hommes de sang, disait-elle, ont osé en votre nom provoquer la violation de toutes les lois, et jusqu'à l'assassinat ; ils ont, au nom de votre commune dont ils faisaient partie, poussé l'audace jusqu'à menacer les départements, comme si la 83ᵉ partie de la République pouvait inspirer un sentiment de crainte à une nation entière qui veut la liberté, mais abhorre l'anarchie. Nous sommes lassés, nous vous le déclarons, de voir que des hommes généreux, ayant tant fait de sacrifices

____

(1) Voir page 29.

pour la liberté, deviennent le jouet d'une poignée
d'ambitieux qui n'ont que le masque du patriotisme.
Nous voulons que nos députés jouissent d'une
pleine indépendance et nous sommes prêts à marcher pour la leur assurer. Songez à qui appartient
la gloire du 10 août ! Que la Convention puisse
travailler avec calme à la Constitution. Si elle ne le
trouve pas au milieu de vous, il est d'autres villes
qui sauront le lui procurer. » (1)

Cet avertissement n'ayant pas eu d'effet à Paris,
l'administration du Finistère passa aux actes. Le
15 décembre elle prit l'arrêté suivant :

« Considérant que les efforts combinés des divers
départements de la République pour purger la ville
de Paris des factions qui la déchirent, ont été infruc-
tueux jusqu'à ce jour ; que les représentants du
peuple français sont à chaque instant exposés à de
nouvelles insultes, qu'ils ne peuvent jouir de la
liberté dans leurs opinions ,

Considérant qu'il ne reste d'autre parti à prendre
que d'environner la Convention d'une force armée
suffisante pour maintenir l'ordre dans ses séances
et déconcerter les projets perfides des monstres
sanguinaires qui la déshonorent ; arrête d'envoyer
à Paris sous le bon plaisir de la Convention et à sa

---

(1) Dans un discours du 21 janvier 1793, Danton accusera Roland
d'avoir concouru par sa haine à animer les départements contre
Paris. « Paris, dira-t-il, est la ville de tous les départements ; Paris
est la ville de toutes les lumières : tous les départements les y
apportent. — La garde départementale n'aura pas plus tôt séjourné
dans Paris qu'elle aura l'esprit du peuple : car le peuple n'a d'autre passion que celle de la liberté. (Cité par M. Aulard, Etudes,
5ᵉ série, page 281).

disposition, une force armée de 300 hommes, prise parmi les citoyens du département dont le civisme et les mœurs seront à toute épreuve. » (1)

Cette force armée formée à Quimper en janvier 1793, comprenait 38 canonniers, 25 dragons, 3 compagnies d'infanterie, en tout 317 volontaires. Souché de la Brémaudière, commandant ; Mérienne, q. m. trésorier ; Masson, Le Goff et Pierron, capitaines de l'infanterie ; Lohier, capitaine des canonniers et Ponsard, capitaine des dragons.

La division quitta Quimper le 24 janvier. Le 11 février, le ministre de la Guerre lui donna ordre de se rendre au Havre. (2) L'ordre ne fut pas exécuté et la Division arriva à Paris le 19 février. « Dans la nuit du 10 mars, les volontaires du Finistère, ayant à leur tête Beurnonville concoururent avec une compagnie de volontaires nantais à sauver la Convention envahie et déjà dispersée par les sans-culottes des faubourgs. » Le 17 mars, la Division fut appelée à réprimer les troubles d'Orléans, puis sur une réquisition des commissaires de la Convention, Tallien et Goupilleau, elle alla combattre les rebelles de la Vendée. 14 volontaires finistériens furent tués au combat du 19 avril à Corron.

En mai 1793, une lutte sans merci était engagée entre Girondins et Montagnards. Les Girondins menacés en appelèrent aux départements des violences de la commune de Paris. Le 31 mai, le Directoire du Finistère leur répondit : « Représen-

---

(1) Arch. L. 108.
(2) Arch. L. 13 n° 8.031.

tants du peuple, l'appel que vous avez fait le 24 de ce mois, aux bons citoyens de la République a été entendu par les citoyens du Finistère : ils partent. » Le 2 juin, en effet, le Conseil général du Finistère « convaincu du péril imminent qui menaçait la Convention nationale et la fortune publique et de l'impérieuse nécessité d'apporter à leur danger un grand et prompt remède » (1) ordonna l'organisation d'une force départementale destinée à protéger les Girondins.

Mais les évènements se précipitèrent et, le même jour (2 juin), la Convention cernée par l'émeute fut contrainte d'exclure 27 de ses membres girondins. A cette nouvelle, l'administration du Finistère protesta énergiquement :

« Citoyens, représentants du peuple, écrivait-elle à la Convention, au milieu des baïonnettes des assassins, au milieu des cris de rage de Pitt et de Cobourg, vous avez manqué l'occasion d'attacher à vos noms une gloire immortelle ; insensibles à l'honneur de mourir à votre poste, vous avez avili votre caractère et dégradé la représentation nationale. L'autorité usurpée d'un département coupable a obtenu la priorité sur la volonté de la nation et vous avez lâchement violé la liberté d'un grand nombre de vos collègues. Nous vous demandons justice de cet attentat à la souveraineté du peuple. N'oubliez pas qu'il a le droit et le pouvoir de se venger. »

Une autre adresse à la commune de Paris, le

---

(1) Id. Reg. des délibérations, séance du Conseil général (2 juin).

7 juin, disait : « Vingt-sept représentants du peuple sont dans les fers ; leurs vertus, leurs lumières leur ont acquis notre confiance et ils méritaient la vôtre. Deux de ces honorables citoyens, Gomaire et Kervélégan sont du Finistère ; nous répondons à la République de leur innocence, vous nous répondrez de leur sûreté. »

Le 22 juin (1) un bataillon de 600 hommes partit de Quimper sous la direction du commissaire civil Mérienne, administrateur du Finistère, et du commandant Souché de la Brémaudière, ancien président du district de Quimper. Ce bataillon devait rejoindre à Evreux, le 14 juillet, les Fédérés du Calvados et de l'Ille-et-Vilaine et marcher ensuite sur Paris. En signe de fraternité, il lui était recommandé de déployer, à son arrivée dans la capitale, la bannière donnée aux Fédérés du Finistère, le 14 juillet 1790. En cas d'hostilité seulement, il substituerait à cette bannière « un drapeau aux trois couleurs portant d'un côté : « République une et indivisible » et de l'autre : « Résistance à l'oppression. »

Le bataillon n'eut pas à combattre : il arriva trop tard. Déjà l'avant-garde de l'insurrection girondine avait été arrêtée et dispersée par les troupes conventionnelles à Pacy-sur-Eure (13 juillet). Après avoir, un moment donné asile aux députés girondins proscrits, (2) ce bataillon revint dans le Finistère et fut dissous à Morlaix, le 10 août 1793.

----

(1) Arch. L. 75. A. 15. 984.

(2) A la suite du bataillon des Fédérés, les Girondins fugitifs vinrent chercher un refuge dans le Finistère. Un certain nombre

Les administrateurs du Finistère expièrent cruellement la faute d'avoir organisé cette force départementale et d'avoir si énergiquement pris parti pour les Girondins. Le 19 juillet, la Convention les décréta d'accusation. Ils subirent une longue détention et, le 22 mai 1794, vingt-trois d'entre eux (2) furent guillotinés à Brest.

---

d'entre eux arrivèrent à Quimper le 8 août. Traqués de toutes parts, ils durent se cacher dans les campagnes. Cussy, Duchâtel, Bois-Guyon, Salles, Bourgoing, Rioulfe, Marchéna, réussirent à s'embarquer le 21 août, à Bénodet. Quant à Louvet, Pétion, Guadet, Barbaroux, Buzot et Valady, ils ne parvinrent à s'embarquer clandestinement à Lanvéoc que le 21 septembre 1793.

(2) François-Louis Kergariou, Mathieu Brichet, Jacques Aimez, Ollivier Morvan, Louis Guillier-Dumarnay, Pierre Bergevin, Joseph Dubois, Louis Derrien, Guillaume Le Roux, Joseph Le Prédour, Yves Daniel-Kersaux, Louis Expilly (évêque constitutionnel du Finistère), Guillaume Herpeu, Jean-Louis Mérienne, Charles Malmanche, Charles Banéat, Jean Le Pennec, Julien Le Thoux, François Déniel, Julien Moulin, Yves Le Gac, Louis Piclet et Louis Le Denmat-Kervern.

LA DIVISION DU FINISTÉRE

On connaît la situation de la France au début de l'année 1792. Toute l'œuvre de la Révolution est en péril. La nouvelle organisation politique et sociale est menacée de destruction. Contre la Révolution se dressent tous les mécontents, tous les privilégiés, tous ceux qui ont été atteints dans leurs intérêts ou dans leur égoïsme : le noble émigré, le prêtre réfractaire, les souverains étrangers, le roi des Tuileries.

A l'intérieur, les prêtres insermentés fomentent la guerre religieuse ; le roi et la reine intriguent et négocient secrètement avec l'étranger ; au dehors, les émigrés sollicitent l'intervention des puissances et s'arment « en vue de la prochaine invasion et des prochaines vengeances. »

Pour conjurer le double danger intérieur et extérieur, l'Assemblée législative décrète des mesures énergiques contre les émigrés et les prêtres réfractaires. Le roi refuse de sanctionner ces décrets : manifestement, il se fait le complice de tous les ennemis de la Constitution. Le veto opposé au décret relatif à la formation sous Paris d'un camp de 20.000 fédérés et le renvoi du ministère girondin (12 juin) surexcitent les esprits et le conflit entre le roi et la nation prend une acuité extrême. La crise ne peut se dénouer que par la chute de la royauté. La manifestation du 20 juin, en effet, n'est qu'un coup d'essai, le prélude d'événements beaucoup plus graves auxquels vont participer les volontaires du Finistère.

ORGANISATION DE LA DIVISION

Dans les villes du Finistère, les « Amis de la Constitution » ne veulent point se résigner devant le veto royal. Le danger est imminent : ils tiennent à exécuter, en ce qui les concerne, le décret du 27 mai sur le rassemblement de 20.000 volontaires près de Paris. A Brest, à Landerneau, à Quimper, les volontaires sont prêts à partir. Le 25 juin, ils protestent contre les hésitations et les lenteurs du Directoire du département. Ils le supplient de les autoriser à « voler » au secours de l'Assemblée et de la Constitution menacées par les factieux.

Le Directoire tergiverse et, « tout en applaudissant au zèle généreux qui anime les volontaires et leurs commettants », il déclare ne pouvoir acquiescer à leur vœu avant d'avoir consulté le Conseil général du département « parce que quelque louables, quelque pures que soient les intentions des braves volontaires, il y aurait peut-être inconvénient à autoriser leur départ précipité et leur passage en armes sur les territoires des autres départements, avant d'avoir pris les mesures dictées par les circonstances. » (1)

(1) Arch. L. 99.

La convocation urgente du Conseil général fut ainsi motivée : « Considérant que les dernières nouvelles de Paris annoncent que cette capitale est dans l'état de fermentation le plus dangereux ; que plusieurs factions puissantes semblent menacer à la fois les représentants du peuple ; que la dissolution de l'Assemblée nationale et le renversement de la Constitution paraissent être le but principal auquel tendent les efforts combinés des factieux ; que le renvoi des ministres qui avaient la confiance de la nation et le refus de sanction des décrets qui étaient l'expression de son vœu le plus incontestable, sont le signal d'une explosion dont les effets peuvent s'étendre à tous les départements de l'empire ; que l'agitation extraordinaire qui se manifeste dans celui du Finistère inspire au Directoire le devoir de s'investir des lumières et de toute l'autorité du Conseil général pour maintenir la sûreté et la tranquillité intérieures du département, et pour délibérer sur les dangers de la Patrie en avisant aux moyens de venir à son secours, arrête :

1º De convoquer le Conseil général pour le 28 de ce mois, à midi ;

2º De suspendre le départ des compagnies de volontaires déjà organisées, jusqu'à la réunion du Conseil général auquel le Directoire se réfère pour cette importante décision. » (1)

Cependant les volontaires sont impatients et, le 26 juin, une députation des citoyens des diverses communes remet au Directoire une pétition tendant

---

(1) Arch. Reg. des délibérations, séance du 25 juin.

à faire autoriser le rassemblement en armes de tous les volontaires à Morlaix, en attendant la réunion du Conseil général, qui doit prononcer sur leur départ. La députation s'étant retirée, le président Kergariou met en délibération la pétition des députés. Après une courte discussion, le Directoire prend l'arrêté suivant :

« Considérant que si le Directoire avait été convaincu du danger réel de la Patrie, il n'eût pris conseil que de la nécessité des circonstances et que déjà les braves volontaires du Finistère seraient en route pour se rendre sous les murs de Paris ;

Considérant qu'en applaudissant à leur dévouement généreux, il n'a pas dû en compromettre l'efficacité en cédant à la première impulsion de leur zèle patriotique et que ce n'est pas sans efforts qu'il a résisté à leurs instances en suspendant l'autorisation relative à leur départ, et en arrêtant de s'investir pour une aussi importante délibération des lumières et des suffrages du Conseil général du département en qui réside la plénitude de l'autorité administrative supérieure ;

Considérant néanmoins que ces volontaires peuvent aussi bien attendre à Morlaix que dans leurs communes respectives la décision du Conseil général et qu'il est même plus avantageux qu'ils se trouvent réunis en un seul lieu pour y recevoir cette décision, afin de s'y conformer sans délai, qu'elle autorise ou non leur départ pour la capitale ;

Considérant d'ailleurs que l'ardeur qui les anime est inspirée par un trop louable motif pour qu'il y ait lieu de craindre qu'ils cessent un instant de respecter les lois et les autorités constituées, de montrer dans toute leur conduite le plus grand amour pour la discipline et l'ordre public et de manifester en tout les principes et les sentiments qui conviennent à des hommes libres et qui doivent caractériser les soldats de la Constitution et de la liberté ;

Pour ces motifs, et ouï le procureur général syndic en ses conclusions : le Directoire arrête que les gardes nationaux du département, qui se sont déjà fait ou se feront inscrire pour se rendre, volontairement et aux frais de leurs communes respectives, sous les murs de Paris, pourront se réunir provisoirement à Morlaix, en armes et sous les ordres des chefs qu'ils se sont choisis, pour y rester à l'état de réquisition permanente, sous la surveillance des corps administratifs de la dite ville, jusqu'à la décision du Conseil général du département, qui sera transmise incessamment aux volontaires ;

Enjoint au Directoire du district et à la municipalité de Morlaix de les recevoir dans la dite ville et invite les habitants à leur pourvoir seulement le logement gratis.

Kergariou, président ; Pascal, vice-président ; Morvan, Veller, Guezno, Doucin, Derrien, Guillier aîné ; présent, Capitaine, procureur général, syndic. » (1)

Le 28 juin, le Conseil général, extraordinaire-

---

(1) Arch. Rég. n° 20, séance du 26 juin.

ment assemblé sous la présidence de Kergariou, assisté de MM. Boissier, Le Prédour, Arnoult, Richard-Duplessis, Daniel du Coloë, L. Derrien, Daniélou, Créachquérault, Pascal, Morvan, Grivart, Veller, Guezno, Expilly, Belval, Cadiou, Doucin aîné, Guillier aîné, Gomaire, Thomas, F.-M. Derrien, Postic, Taillen, Le Sévellec et Capitaine, procureur général syndic, arrête que les volontaires réunis à Morlaix se mettront incessamment en marche. Il nomme un commissaire chargé d'organiser, concuremment avec deux délégués du district et de la municipalité de Morlaix, la « Division du Finistère. » M. François-Nicolas Pascal, maréchal de camp, vice-président du Directoire, est proclamé commissaire, aux applaudissements unanimes de l'assemblée. (1)

Le lendemain, le Conseil général rédige une adresse à l'Assemblée nationale et une autre au roi pour leur rendre compte des décisions qu'il vient de prendre. Il déclare à l'Assemblée « qu'il est en situation de se porter, sans délai, au secours de la Constitution et d'assurer la tranquillité du lieu des séances de la représentation souveraine. »

Il dit au roi : « Les citoyens du Finistère ont juré de vivre libres ou de mourir, et veulent partager les dangers de leurs frères, les gardes nationaux de Paris. Le Conseil général vous annonce, Sire, que pour répondre à ce vœu, il vient d'autoriser le départ d'un corps de volontaires équipés et soldés aux frais des citoyens et qu'il va employer tous les

---

(1) Arch. Reg. nº 20, Procès-verbal, séance du 28 juin.

moyens en son pouvoir pour assurer l'ordre et concourir au salut de l'Etat. »

D'autre part, le Directoire du département rédige pour ce corps de volontaires, qui portera le nom de « Division du Finistère », un règlement très sage et très minutieux, dont voici l'analyse : (1)

Il sera attaché à la Division un quartier-maître (officier-trésorier), un chirurgien et un armurier choisis par le district qui aura fourni le plus de volontaires (art. 3).

Itinéraire : de Morlaix à Belle-Ile (8 lieues), Chatelaudren (7 l.), Lamballe (9 l., séjour), Broons (7 l.), Montauban (8 l.), Rennes (6 l., séjour), Vitré (9 l.), Laval (9 l., séjour), Mayenne (8 l.), Préempail (8 l.), Alençon (6 l., séjour), Mortagne (9 l.), Verneuil (9 l.), Dreux (8 l., séjour), La Queue (8 l.), Versailles (7 l.) et Paris (4 l.) (art. 5).

Pour assurer l'économie et éviter les embarras d'un trop nombreux équipage, chaque sergent, caporal, fusilier, armurier et tambour, bornera son équipement à un sac, garni ainsi qu'il suit : 2 chemises, 2 paires de bas, 2 paires de guêtres blanches, 4 mouchoirs, 3 cols, une paire de souliers, une calotte. Dans ce dénombrement ne sont pas compris le col, la chemise, la paire de guêtres noires et les souliers dont chaque homme sera vêtu. Les officiers et le chirurgien pourront avoir une valise du poids de 50 livres au plus (art. 6 et 7).

Le commandant se pourvoira de cartouches à balles à raison de trente coups à tirer par homme,

---

(1) Arch. L. 13.

Elles seront déposées dans des caisses dont lui seul aura les clefs et il jugera seul des circonstances dans lesquelles il pourra en faire délivrer et ne permettra jamais que les volontaires en aient pendant la marche (art. 8).

Pendant la route, le quartier-maître précédera toujours la troupe afin de prévenir les municipalités de l'arrivée des volontaires et de prendre à l'avance les mesures nécessaires pour assurer le logement et se procurer pour le lendemain, les voitures indispensables (art. 10).

En arrivant dans chaque ville, la Division entrera en bon ordre et tambour battant. Le commandant la conduira sur la place publique où il la tiendra sous les armes, sans permettre que personne quitte son rang, jusqu'à ce que le quartier-maître ait remis les billets de logement (art 11).

Le commandant de la Division, en quittant les lieux où sa troupe aura couché, requerra des municipalités un certificat de bonne conduite (art.12).

Si dans la route, un ou plusieurs hommes tombaient malades et ne pouvaient suivre la Division, le quartier-maître, d'après l'avis du chirurgien et l'ordre du commandant, prendra avec les municipalités des lieux, les arrangements convenables pour qu'ils soient reçus et traités dans les hôpitaux (art. 16).

La Division, devant se conformer à la loi qui défend à toute force armée de s'approcher sans l'autorisation du Corps législatif à la distance de 30.000 toises du lieu de ses séances, s'arrêtera à

Dreux et y restera le temps nécessaire pour y recevoir l'ordre d'une destination ultérieure (art. 18).

La force armée ne pouvant attendre de succès que de la soumission la plus entière aux lois de la discipline, le commandant veillera à ce que personne ne s'en écarte ; il emploiera à cet effet, les exhortations les plus propres à faire impression sur des hommes libres et leur recommandera surtout le respect le plus absolu pour les personnes et les propriétés et, si contre toute attente quelqu'un se rendait coupable d'insubordination ou compromettait par des violences l'honneur de la cause qu'il est appelé à défendre, le commandant assemblera pour le juger un conseil de discipline, en se conformant tant pour l'instruction de l'affaire que pour les peines à infliger à ce qui est prescrit par la loi du 14 octobre 1791 sur l'organisation de la garde nationale (art. 23).

L'officier commandant correspondra directement avec le Directoire du département et adressera à cette administration une copie exacte de son journal. Les dispositions les plus intéressantes de cette correspondance seront rendues publiques par la voie de l'impression et envoyées aux neuf districts (art. 28).

Le 2 juin, François-Nicolas Pascal, commissaire, chargé de l'organisation de la Division, arrive à Morlaix, descend à l'hôtel de Bourbon et requiert du Directoire du district et de la municipalité enregistrement de ses pouvoirs. Conformément à la décision du Conseil général, il se fait adjoindre deux commissaires : René Raoul, procureur-syndic du Directoire et Loret, membre de la municipalité et receveur du district.

Le 3 juillet, à 7 heures du matin, les trois commissaires se rendent sur la place d'armes, où les volontaires sont rassemblés. L'appel nominal constate la présence de 97 Brestois, de 2 hommes de la ville de Douarnenez, 5 du district de Châteaulin, 12 du district de Landerneau, 3 de la ville de Saint-Pol-de-Léon, 19 de Quimper, 3 de Lesneven et 13 de Morlaix.

Le tout formant une masse de 154 hommes est réparti en trois sections, commandées par un lieutenant, un sous-lieutenant, deux sergents et quatre caporaux. Chaque section est composée de quatre escouades de dix hommes. Le tambour est attaché à la première section, le chirurgien à la deuxième et l'armurier à la troisième.

Cette première opération terminée, on procède sur-le-champ à l'élection des officiers et sous-officiers, par scrutin et à la pluralité absolue des suffrages. Les élections proclamées, la Division du Finistère est ainsi composée :

Un capitaine commandant : Desbouillons.

Trois lieutenants : Blaquière, Fontaine, chargé du détail de la troupe, et Leisségues.

Trois sous-lieutenants : Vallée, Treguier, Coroller.

Six sergents : Perdriaux, Meudic, Chesnel, Laplanche, Blée, Darras.

Douze caporaux : Laîné, Laroche, Barré, Delcambre, Guérin, Raby Cadet, Vacherot, Cariou, Pichon, Taillebois, Meudic Cadet et Delmotte.

Un tambour : François Vauver ; un chirurgien : Hervé La Forgue ; un armurier, 123 fusiliers et quatre dragons.

Pour donner aux officiers et sous-officiers de la Division l'autorité légale, les élections terminées, la municipalité de Morlaix requiert M. Capelle, second lieutenant-colonel du premier bataillon de volontaires, l'officier le plus élevé en grade de la garnison, de faire reconnaître en sa présence et au nom de la nation, de la loi et du roi, le capitaine Desbouillons, commandant de la Division. Celui-ci procède de suite à la réception individuelle des officiers qui, à leur tour, font reconnaître les sous-officiers de leurs sections respectives. Puis, la municipalité reçoit le serment civique, en dresse un acte qu'elle fait signer par tous les officiers.

Cela fait, la troupe témoigne sa satisfaction par des acclamations réitérées et crie : « Vive la nation ! vive la liberté ! vivre libre ou mourir ! »

Enfin, le commissaire Pascal, après s'être fait rendre compte des sommes (14.067 l. 14 s. 6 d.) remises au lieutenant-trésorier Fontaine, donne l'ordre à la troupe de se mettre en route le lendemain 4 juillet, lui prescrivant « de ne heurter en rien les dispositions des arrêtés du Directoire et du Conseil général du Finistère. » (1)

---

(1) Arch. L. 13.

EN ROUTE VERS PARIS

Le mercredi 4 juillet, à 4 heures du matin, la Division du Finistère quitte Morlaix.

Entre temps, le roi a été informé que dans le Finistère « des factieux qui cherchent à tromper le peuple, veulent rassembler et conduire à Paris des gens armés qu'on ne saurait y admettre sous aucun prétexte. » Une dépêche du Ministre de l'Intérieur arrivée à Quimper le 3 juillet au soir, ordonne au Directoire du département « d'employer tous les moyens que la loi lui a confiés pour dissiper tout rassemblement illégal. » Cet ordre vise la Division du Finistère, mais il vient trop tard. Toutefois le Directoire toujours soucieux de la légalité en est bien contrarié. Il délibère le 4 juillet :

« Considérant que les observations du ministre ne peuvent s'appliquer au zèle généreux et vraiment patriotique qui a porté les citoyens des diverses communes de ce département à s'assembler et à manifester le vœu de se porter en armes jusque sous les murs de Paris ; que ce n'est pas à la clameur des factieux mais à la voix de la Patrie en danger que ces braves citoyens se sont levés pour voler à son secours ; que ce n'est pas tumultuairement et sans ordre qu'ils se sont rassemblés à Morlaix, mais du consentement et de l'autorisation expresse du Directoire, qui ne l'a donnée que d'après les motifs les plus déterminants ; que le rassemblement qui s'est fait des volontaires des diverses communes à Morlaix, n'est donc point illégal et qu'il n'y a pas lieu d'user des moyens qu'indique le Ministre pour le dissiper ;

Considérant que ce rassemblement a non seulement été approuvé par le Conseil général du département, extraordinairement assemblé à Quimper le 28 juin et jours suivants, mais que ce conseil en qui réside la plénitude de l'autorité administrative supérieure, a formellement autorisé par son arrêté du 29 du même mois, le départ des volontaires pour leur destination primitive et que cette Division n'avait pas pour objet une stérile confédération sous les murs de Paris, mais la dispersion et l'anéantissement des factieux et des intrigants de tous les partis qui faisaient investir et le sanctuaire des lois et les avenues du trône constitutionnel pour renverser l'un et l'autre ;

Considérant néanmoins qu'il paraît que la capitale se trouve dans une assiette plus tranquille (à moins que ce calme apparent ne soit le précurseur de quelque nouvel orage), et que dans l'incertitude des évènements et la mobilité des circonstances, il ne reste au Directoire d'autre parti que de se conformer aux ordres portés dans la dépêche ministérielle ;

Par tous ces motifs et ouï le procureur général syndic en ses conclusions qu'il a laissées par écrit :

Le Directoire arrête de contremander et contremande le départ des volontaires des différentes communes du département rassemblés à Morlaix et leur enjoint d'y rester jusqu'à nouvel ordre en état de réquisition permanente, conformément à la loi ; ordonne en conséquence à l'officier commandant des dits volontaires, de les retenir à Morlaix s'ils ne sont déjà partis et, dans ce cas, de les y ramener sur-le-champ en bon ordre.

(Séance du Directoire tenue par Kergariou, président, assisté de MM. Pascal, Morvan, Veller, Guezno, Doucin, Derrien) (1).

Le même jour, le Directoire répond au Ministre de l'Intérieur : « Vous verrez Monsieur, et par notre arrêté et par les autres pièces que nous adressons au roi, que le conseil du département, ni nous-mêmes, n'avons été dirigés par des factieux et des agitateurs, comme il vous plaît de le supposer par la lettre fort étrange que vous avez écrite à tous les départements du royaume. De plus nobles inspirations ont déterminé de notre part les mesures que nous avons prises, et de la part de nos concitoyens, les nouveaux sacrifices qu'ils viennent de faire pour la défense de la Constitution. Forcés d'enchaîner le courage de nos volontaires, nous lui donnerons essor au premier danger ».

Enfin à l'Assemblée trop indécise et trop timorée, il écrit : « Nous avons arrêté nos volontaires, mais nous nous souvenons de notre origine. Les citoyens du Finistère étaient familiarisés avec les idées de constitution et de liberté, lorsqu'une grande partie de l'empire était encore ensevelie dans le sommeil du despotisme. Nous périrons plutôt que de fléchir sous le joug de la tyrannie. »

---

(1) Archives, séance du Directoire, 4 juillet. Reg. n° 20.

Ainsi le Directoire obéit après avoir justifié ses décisions antérieures. Mais pourra-t-il lui-même se faire obéir ? Le contre-ordre ne parviendra pas à la Division. C'est du moins ce qu'affirme Desbouillons. Il écrit de Lamballe le 7 juillet : « Quant au courrier dont vous me parlez, qui devait nous apporter un arrêté pour nous enjoindre de rétrograder jusqu'à Morlaix, je n'en ai point eu connaissance et j'en suis bien aise, car je pense qu'il m'eût été difficile de forcer la Division à retourner sur ses pas et, dans cette circonstance, je me serais trouvé très embarrassé. » (1).

La Division continue donc sa marche.

Partie de Morlaix le 4 juillet au matin, elle fait une halte au Ponthou et entre à Belle-Ile, dans le plus grand ordre, sur les deux heures de l'après-midi. « Nous y avons été on ne peut mieux reçus. dit Desbouillons. La garde nationale est venue au-devant de nous en armes » (2). Le lendemain matin la Division arrive à Guingamp à 8 h. 1/2 et y reçoit l'accueil le plus fraternel. « Beaucoup de citoyens sont venus au-devant de nous et lorsque nous avons été rangés en bataille, en face de la place, M. Le Maire est venu nous offrir de nous faire rafraîchir chez les citoyens. La garde de nos armes, mises en faisceaux sur la place, a été confiée à nos frères et notre guidon déposé chez le Maire.

« Les amis de la Constitution » de cette ville ont convoqué une séance extraordinaire à laquelle

---

(1) Archives du Finistère, L. 13, A. 132.
(2) Archives du Finistère, L. 13, A. 132.

nous avons assisté. A la séance, j'ai été placé à la droite du président. M. le Maire a demandé la parole : il a loué en peu de mots le zèle et le patriotisme qui dictaient notre démarche. Au nom du détachement je lui ai répondu le plus convenablement possible. Sur la motion de l'un d'entre nous, il a été ouvert deux registres : l'un pour inscrire ceux qui voulaient voler au secours de la Patrie en danger, l'autre pour recevoir les souscriptions de ceux qui voulaient contribuer de leur bourse. Nous sommes partis de Guingamp à 1 h. 1/2 après-midi. Nos frères sont venus nous conduire en armes, jusqu'à une demi-lieue et malgré les vives instances que je leur ai faites, au nom du détachement, pour les engager à s'en retourner, ils n'ont voulu le faire qu'après nous avoir perdus de vue. Ma plume n'est point assez éloquente pour vous faire le récit d'une pareille conduite. Nous sommes arrivés à Chatelaudren à 5 heures du soir. Là, le citoyen pauvre s'est saigné pour nous bien accueillir ; j'en pleure de joie en vous le racontant. »

« Partis de Chatelaudren à 4 heures du matin, nous sommes entrés à Saint-Brieuc à 8 heures. Les citoyens ne nous attendaient pas de si belle heure ; mais lorsque nous avons été rangés en bataille en face de la maison commune, quelques citoyens de cette ville réunis aux officiers des volontaires du 2ᵉ bataillon des Côtes-du-Nord, nous ont prouvé par des témoignages d'amitié, qu'ils ne désiraient rien tant que de marcher sur nos pas. Après le déjeuner que nous ont donné les volontaires du susdit bataillon, auquel a présidé la gaîté, nous nous sommes tous promenés autour de la ville ayant la musique à notre tête. Après quoi, conduits par cette même musique et par le bataillon de l'Espérance de la ville de Saint-Brieuc, nous nous sommes mis en marche pour Lamballe, où les citoyens, le maire et le président des « Amis de la Constitution » sont venus au-devant de nous et nous ont reçus à bras ouverts. Nous sommes logés chez les particuliers les plus aisés et nous y trouvons tous bons visages d'hôtes. » (1).

Desbouillons se plaint de ce que ses occupations multiples ne lui permettent pas de « limer la rédaction » de ses lettres ; mais il se plait à rendre le meilleur compte du détachement qui « montre la plus parfaite obéissance ».

Raulx Briand de Brest, n'a pas suivi la Division depuis Morlaix et doit être « traité comme déserteur ».

Charles Mallénec, de Brest également, est congédié à Belle-Ile, « sa femme étant à toute extrémité. » (2).

Le dimanche 8 juillet, les volontaires reçoivent à Broons un excellent accueil. Ils y trouvent un ordre du Directoire du Finistère leur enjoignant de se rendre, non à Paris, mais au camp de Soissons. « Cet ordre n'a pas paru conforme aux vues qui dirigent les volontaires et l'opinion générale a été que la Division du Finistère se rendrait à Dreux, conformément aux ordres antérieurs. »

(1, 2) Archives, L. 13, A. 132.

À Montauban le 9, « le patriotisme n'est pas chaud » (1) et les Finistériens sont assez froidement reçus. Aussi s'empressent-ils d'en sortir le 10 à 2 heures du matin pour faire halte à Passé, « paroisse dans les vrais principes » (2). « Là, un officier municipal, nommé Melon, est venu offrir au détachement quelques galettes, n'ayant, nous a-t-il dit, rien de mieux à nous donner pour le présent. Ce bon villageois, s'apercevant que j'étais excessivement fatigué, m'a dit qu'il logeait à deux pas et m'a proposé son lit, me promettant de venir m'éveiller lorsque le détachement se disposerait à partir. J'ai accepté sa proposition et il a tenu sa promesse. Je lui ai offert un verre de vin et nous avons trinqué ensemble. » (3).

Exténuée de fatigue, la Division arrive ce même jour à Rennes. « Nous sommes tous logés chez des citoyens qui s'étaient fait inscrire pour nous avoir et, par conséquent, nous sommes tous on ne peut mieux. » (4).

Le séjour à Rennes, le 11, est désagréable. On y met deux hommes à l'hôpital. La pluie, qui n'a pas cessé de tomber, ne permet pas « de voir ce que cette ville peut renfermer de curieux », ni ce qui intéresse tout particulièrement Desbouillons, de connaître « l'esprit public qui y règne » (5).

On arrive à Vitré le 12 juillet, excédé de fatigue, « ayant eu la pluie sur le corps pendant toute la route » (6). « La garde nationale est venue nous

---

(1, 2, 3, 4, 5) Archives, L. 13, A. 139.
(6) Archives, L. 13, A. 139.

reconnaître et les membres du district et les officiers municipaux de cette ville où la majorité des habitants semblent dans les bons principes, nous ont on ne peut plus fraternellement reçus et nous avons presque tous été très bien logés. » (1).

Le vendredi 13, la Division ayant constamment marché sous une pluie battante, arrive à Laval et y est médiocrement logée. Qu'importe ! Le lendemain, samedi 14 « jour des hommes libres », les citoyens de Laval lui offrent une place d'honneur à la cérémonie de la Fédération. « Nous nous sommes mis en marche vers le champ de la Fédération ayant à notre tête tous les corps administratifs et au milieu de nous les bataillons de l'espérance des deux sexes, les tables des Droits de l'homme et de la loi et le buste de Mirabeau portés par des hommes vigoureux et escortés par des vieillards vénérables. Nous sommes tous arrivés en bon ordre au lieu du rassemblement, au milieu duquel était dressé l'autel de la Patrie. »

« On nous a introduits au centre du bataillon carré, formé par les gardes nationaux du district, et, ce préalable rempli, un chœur nombreux a entonné des hymnes en l'honneur de la liberté, qui ont pénétré de joie tous les assistants. Le bruit du canon a ensuite annoncé le serment fédératif. Le substitut du procureur syndic du district a lu un discours plein d'énergie et de sentiment et il a prononcé à haute et intelligible voix, le serment civique qui a été généralement répété. L'on

---

(1) Archives. L. 13, A. 139.

n'entendait de tous côtés que des cris de : « Vivent la nation et la liberté » et parfois : « Vivent les citoyens du Finistère ».

On a recommencé les hymnes à la liberté et on s'est ensuite rendu sur la place d'armes où l'on a planté l'arbre de la liberté, autour duquel nous avons tous défilé dans le plus grand ordre. Ainsi s'est terminée cette fête que nous regrettions tous de ne pouvoir célébrer à Paris (1).

Le soir de ce même jour, nous avons eu connaissance du décret qui déclare la Patrie en danger. Le regardant comme une mesure de précaution de la part de l'Assemblée nationale, il ne nous a point effrayés, mais il eût contribué, s'il eût été possible, à augmenter notre zèle et notre ardeur. » (2).

La Division n'a qu'à se louer de la manière dont elle est accueillie, le dimanche 15, à Mayenne, « cité où le patriotisme ne paraît pas dominer cependant ». Le 16, la chaleur est excessive et la Division n'entre à Préempail qu'à 4 heures du soir. A Alençon, le lendemain, elle est bien accueillie par le Directoire, mais mal reçue par la municipalité. Par contre, le jeudi 19, Mortagne la reçoit « avec transport et fraternité. »

---

(1) Le même jour, à Quimper, l'anniversaire de la prise de la Bastille fut célébré avec beaucoup d'éclat, en présence de tous les corps civils et militaires, de l'évêque et du clergé constitutionnels et d'une foule immense. Des danses, des chants, des illuminations témoignèrent que l'allégresse était générale, « comme jadis, lorsque le peuple de Dieu témoignait sa reconnaissance au Créateur autour de l'arche sainte. » (Arch., procès-verbal de la Fédération à Quimper en 1792).

(2) Arch., L. 13, A. 303.

Dominique Joubert, de Quimper, n'ayant pas suivi depuis Rennes, est porté déserteur.

La Division, arrivée le 21 à Dreux, charge le lieutenant Blaquière de se rendre à Paris pour remettre au Président de l'Assemblée nationale cette lettre de Desbouillons :

« Monsieur le Président,

J'ai l'honneur d'informer l'Assemblée nationale que 150 citoyens gardes nationaux des divers districts du département du Finistère, formés à Morlaix, le 3 de ce mois, sous le titre de « Division du Finistère » en vertu d'un arrêté du Conseil général de ce même département, en date du 28 et 29 juin dernier et partis de ce lieu le 4 du même mois avec armes et bagages, pour se rendre à Paris où la chose publique est plus particulièrement menacée, sont arrivés ce jour à Dreux. Ces citoyens militaires ne voulant prendre d'ordre que du Corps législatif et, connaissant la distance à laquelle, d'après la Constitution, ils doivent, comme force armée, se tenir de ce même corps, se rendent lundi prochain à Houdan. Là, ils attendent l'autorisation qu'ils sollicitent de l'Assemblée que vous présidez pour entrer à Paris où ils demeureront provisoirement à la réquisition de la municipalité de cette ville. » (1).

Blaquière fait connaître le lundi 23 à La Queue la réponse de l'Assemblée. La Division du Finistère peut entrer dans Paris.

______

(1) Arch., L. 13, A. 588.

Partis de La Queue le mardi à 3 heures du matin, les volontaires arrivent à midi à Versailles où ils sont reçus à bras ouverts par les municipaux et les citoyens patriotes. Quant au Directoire du département de Seine-et-Oise, ils n'ont pas beaucoup à s'en louer.

« Je vais, dit Desbouillons, vous raconter une petite anecdote qui ne laissera pas de vous faire rire. Le quartier-maître qui avait pris les devants pour annoncer l'arrivée de la Division, se présenta au Directoire du département. Les membres du Directoire, après avoir pris connaissance de la lettre que vous nous avez donnée, entamèrent la conversation et manifestèrent leur opinion sur l'état actuel des choses, sur notre démarche et sur l'arrêté des administrateurs du département du Finistère qu'ils blâmèrent hautement. Ils protestèrent surtout de leur inviolable attachement à la loi. Le quartier-maître leur répondit que ce langage est le même que celui que tiennent journellement les ennemis de la chose publique. — Voulez-vous, leur dit-il, après leur avoir en vain donné les raisons les plus fortes pour justifier notre démarche, que je vous croie, vous seuls, plus sages que tous les administrateurs des départements des Côtes-du-Nord, de l'Ille-et-Vilaine, de la Mayenne, de l'Orne et de l'Eure que nous avons traversés et qui y ont applaudi avec enthousiasme ? — En se retirant, il rencontra dans l'antichambre un particulier qui l'aborda et lui dit : « Convenez que vous venez de voir de fameux aristocrates. — Je les ai vus trop

peu, répondit-il, pour me permettre de les juger. —
Ah ! je les connais ! je suis moi-même administrateur et patriote et j'ai sans cesse des querelles avec
eux. — Comment vous nommez-vous ? — Pourquoi
cela ? — Je serais charmé de connaître votre nom.
— Je me nomme Flamand. — Eh bien ! Monsieur
Flamand, je vous dirai franchement que je pense
que vous avez l'intention de me sonder ; mais vous
pouvez leur rapporter que je pense ce que vous
venez de dire. Adieu ! »

Après ce colloque, le quartier-maître se transporta
à la municipalité où il apprit que ce Flamand était
un aristocrate enragé.

Lorsque la Division fut arrivée et les logements
distribués, j'allai saluer les administrateurs. J'étais
accompagné du procureur de la commune, de deux
officiers municipaux, du commandant de la garde
nationale et du quartier-maître. Celui-ci, après que
je leur eus annoncé l'arrivée de la Division, leur dit:
« Messieurs, en sortant d'ici ce matin j'ai été abordé
par un d'entre vous qui m'a déclaré se nommer
Flamand. Il m'a assuré que vous étiez tous des
aristocrates. » M. Flamand qui était présent rougit
et, d'un air singulièrement embarrassé et confus,
assura qu'il n'avait pas dit cela. — « Vous me l'avez
dit, répliqua le quartier-maître, et personne ne
croira que moi qui arrive de 150 lieues, j'aie deviné
qu'il y a un Flamand membre de ce Directoire et
que j'aie controuvé un fait de cette nature. » —
M. Flamand déconcerté à l'excès se borna à protester
que Fontaine avait mal entendu et qu'il se trompait.

Je pris alors la parole et je leur dis : « Le fait qu'on vous rapporte est incontestable et, ou M. Flamand est un faux frère, ou vous êtes réellement ce qu'il a dit que vous étiez ». Le Président, pour tirer d'embarras son collègue, voulut rappeler la conversation du matin et protesta de nouveau de l'attachement inviolable qu'ils prétendent tous avoir pour la loi. Il nous pria de croire qu'ils vivent tous dans une parfaite union. « Je croirai volontiers, répliqua le quartier-maître, que vous vivez tous dans une parfaite union ; mais vous me permettrez de croire que vous ne faites pas tous profession d'une égale franchise. Au reste, tout mauvais cas est niable et Monsieur qui sent avoir fait l'action d'un malhonnête homme, fait bien de la nier. » A l'instant, nous nous levâmes et adressant la parole aux administrateurs, nous les saluâmes et je leur dis que, pour l'honneur de M. Flamand, nous nous plaisions à croire que le quartier-maître s'était trompé. L'un des administrateurs, lorsque nous sortions, nous dit qu'il était persuadé que nos intentions étaient d'aller combattre les ennemis de la chose publique, sur quoi je lui répliquai : « Dans ce moment même nous vous en donnons la preuve. » Et le commandant de la garde nationale ajouta : « Oui, ces Messieurs vont combattre les Autrichiens, mais ce sont les Autrichiens de Paris. »

Ainsi se termina cette scène dont vous regretteriez sans doute de n'avoir pas les détails. » (1).

Nos Finistériens ne manquaient pas d'esprit et,

---

(1) Arch., L. 13, A. 588.

cette fois sans doute, Desbouillons a « limé sa rédaction ».

Le départ de Versailles a lieu le mercredi 25 et la Division s'achemine vers Paris où elle entre à 10 heures. Il est 11 heures quand elle parvient aux Cordeliers où elle est casernée provisoirement.

LA DIVISION DU FINISTÈRE A PARIS

A peine les Bretons sont-ils à Paris qu'un commissaire des guerres se présente pour les enrôler. On les destine au camp de Soissons. Plusieurs commencent déjà à murmurer, lorsque Desbouillons prie ce commissaire de faire savoir au ministre de la Guerre que les 150 citoyens du Finistère veulent avoir le temps de réfléchir avant de contracter aucun engagement.

Ils n'ont pas encore mis les pieds dans leurs chambres, que 200 fédérés, venus au-devant d'eux, les entraînent pour ainsi dire aux Jacobins. Là, un Parisien monte à la tribune et déclare au nom de ses camarades que malgré toutes les tentatives faites par les ennemis de la chose publique pour les déterminer à aller au camp de Soissons, ils ont juré de ne point quitter Paris tant que la liberté serait en danger. Il engage les Finistériens à les imiter. L'un de ceux-ci, craignant de voir ses camarades entraînés par un moment d'enthousiasme, se hâte de demander la parole et représente à ses frères d'armes que les citoyens du Finistère n'étant dans Paris que depuis une heure n'ont pu prendre connaissance de la situation des choses ; que dans la situation où ils se trouvent, ils mériteraient d'être taxés de légèreté s'ils prêtaient le serment qu'on leur demande ; que la démarche qu'ils ont faite en abandonnant leurs foyers pour voler à la défense de la Patrie ne peut pas laisser d'incertitude sur leurs sentiments ; qu'ils se borneront donc pour le moment à jurer un dévouement sans borne à la cause de la liberté. Ces réflexions paraissent goûtées et reçoivent quelques applaudissements.

Le lendemain, la Division va saluer Pétion, le maire de Paris et, au retour, se rend à la séance des Jacobins. Le lieutenant Leissègues monte à la tribune et s'efforce de prouver que, réflexion faite, c'est à Paris, en effet, que les Bretons peuvent le mieux servir la chose publique. Il propose de prêter sur-le-champ le serment en question. Tous ses camarades, soit crainte, soit persuasion, le prêtent à l'instant. « Quant au quartier-maître et moi, dit Desbouillons, nous eûmes le courage de résister à la force de l'exemple, mais personne n'eut celui de nous en faire hautement des reproches. »

Cependant Desbouillons toujours attentif à ce qui se passe autour de lui, à Paris, a vite fait de se rendre compte de l'état des esprits, des tendances et de la force des partis dans l'Assemblée et dans les clubs. Très clairvoyant, il distingue le danger de plus en plus réel et imminent. « Le moment, dit-il, avec un peu de tristesse, n'est peut-être pas loin où il faudra réaliser ces serments qu'il est si aisé de faire auprès de ses foyers, de servir de nos propres cadavres de rempart à la liberté Peut être le courrier qui vous portera cette lettre, vous donnera-t-il des nouvelles désastreuses. Au moment où nos ennemis extérieurs sont sur le point de nous entamer, nos ennemis de l'intérieur mettent tout en mouvement pour les seconder. L'Assemblée à laquelle nous devons tous nous rallier, flotte dans une incertitude désespérante. Tous les patriotes sont convaincus qu'il n'y a point de salut à espérer tant que le chef actuel du pouvoir exécutif aura la direction des affaires. Et cependant ils n'osent tenter un coup d'éclat parce qu'ils craignent les armées qu'on dit fortement attachées au roi ; parce qu'ils craignent que le peuple imagine qu'en changeant quelques dispositions à l'acte constitutionnel, on veuille changer la constitution. Telle est notre position critique. Ce n'est plus le temps de parler : il faut agir. Il n'y a qu'un mouvement universel qui puisse nous sauver. Il faut qu'on demande la déchéance du roi et que les patriotes se décident à soutenir leur demande et à combattre les ennemis intérieurs. » (1)

Cruelle indécision ! Faut-il se rendre aux frontières d'où ne cessent de venir de mauvaises nouvelles ou faut-il rester à Paris selon le vœu des Jacobins ? La situation est d'autant plus embarrassante que les Marseillais qui vont arriver ont déjà fait annoncer aux Jacobins leur intention de rester à Paris.

____

(1) Arch. L. 13. A. 338.

Deshouillons toujours scrupuleux hésite encore, mais les membres de sa Division ont pris la résolution définitive de ne pas quitter la capitale « tandis que cette ville sera le siège des conspirations et des trames qui menacent d'étouffer la liberté publique. » Et, le 30 juillet, dans une lettre éloquente au Directoire du Finistère, lettre signée par 88 d'entre eux, ils exposent les motifs de leur conduite :

« Administrateurs,

« Toute la France sait que depuis longtemps Paris est devenu le réceptacle impur de brigands et de malveillants de tous les genres qui ne tendent qu'à la dissolution du code social et à voir nos scènes politiques se dénouer dans les horreurs d'une guerre civile. Nous y avons rencontré une foule de transfuges de tous les départements. La plupart de ces traîtres, dignes de périr sur l'échafaud et que nous croyions à l'armée autrichienne, infestent la métropole et en font un cloaque d'aristocratie et de contre-Révolution. C'est donc ici qu'existent les plus grands dangers ; c'est du château des Tuileries que partent les éruptions qui bouleversent l'empire. Et l'on veut que nous quittions Paris, que nous l'abandonnions aux factions qui le déchirent ! Non, ce serait trahir les intérêts de nos commettants et nous sommes déterminés à nous dévouer plutôt au glaive des assassins pour la défense de nos droits et de la Constitution.

Tels sont nos sentiments ; nous y persisterons jusqu'à notre dernier soupir.

Bien loin de quitter Paris, nous conjurons tous les

départements de nous envoyer de nouveaux renforts. L'Assemblée nationale reconnaît son impuissance, si dans des circonstances aussi critiques, elle n'est secondée de l'assentiment universel de la nation. Les députés sur lesquels la France doit fonder ses espérances avouent que tous les moyens leur échappent et que le pouvoir exécutif va nous précipiter dans l'abîme, si la nation n'y apporte un prompt et puissant remède. Le moment est donc venu de remplir l'imprescriptible devoir de la résistance et sans doute le peuple français ne tardera pas à remplir ce devoir sacré. Pour nous, nous avons juré de vivre libres ou de mourir. Nous l'avons juré sur la lame de nos sabres et si la liberté périt, nous périrons. Mais nous ne voulons pas laisser à nos ennemis un champ libre au milieu de la capitale. Tandis que le foyer de l'incendie résidera au centre de l'empire, il serait inutile et même dangereux que nous nous portions aux frontières ; une pareille démarche ne servirait qu'à précipiter la ruine de l'État.

Au moment où nous vous écrivons, les sections de Paris sont assemblées pour délibérer sur la formation d'un camp sous les murs de cette ville. Si cette mesure a lieu, nous nous rangerons sous les drapeaux de cette nouvelle armée. Tel était notre but en partant, tel était le vôtre en nous envoyant : tous nos vœux seraient remplis.

En attendant, nous nous exerçons au maniement des armes, nous observons les règles de la plus exacte discipline, nous sommes à la réquisition des corps administratifs. Voilà notre conduite, nos sentiments et nos intentions. Ce serait vous faire injure que de douter un seul instant que vous ne les approuviez.

Au reste, nous attendons vos ordres. Aidez-nous de vos conseils et de vos lumières et croyez que vous nous trouverez toujours reconnaissants et dociles.

Les membres composant la Division du Finistère. Le 30 juillet, l'an 4e de la liberté.

(Suivent 88 signatures), (1)

Du 1er au 4 août, Paris a été assez tranquille, malgré « les menées sourdes des malveillants et des intrigants de toute espèce » qui travaillent journellement à agiter les esprits en sens contraire. Les groupes sont toujours nombreux au Palais-Royal et sur la terrasse des Feuillants où l'on ne cesse « d'éplucher la conduite de M. Veto qui vraisemblablement n'est pas des plus à l'aise » car il afflue des pétitions de tous les départements pour demander sa déchéance.

« Nous pensons bien, écrit Desbouillons aux administrateurs du Finistère, que vous ne serez pas les derniers à émettre votre vœu sur ce point et nous y comptons incessamment. Hier matin, les 48 sections de Paris l'ont demandée à l'Assemblée nationale par l'organe de Pétion. Quelques membres ont de suite converti cette demande en motion et ont proposé que la discussion sur cet objet eût à s'ouvrir sur-le-champ. Il a régné alors un si grand

---

(1) Arch. L. 13. A. 591.

tumulte dans l'Assemblée, que le président a été contraint de lever la séance. » (1)

Les Bretons se rendent bien compte que le roi continue à trahir, car le ministère « ne fait connaître les dispositions des ennemis qu'au moment où il n'est plus possible de les cacher. » Toutefois, ils comprennent les hésitations de l'Assemblée. « Cette fameuse question de la déchéance divise en quelque sorte les membres patriotes de l'Assemblée. On est incertain sur la manière de remplacer le pouvoir exécutif. Les uns veulent une régence, les autres, un comité d'exécution. Les premiers prétendent que si on s'éloigne de leur avis, on détruira la Constitution et on s'attirera des ennemis sans nombre parmi le peuple et dans l'armée. Les autres disent à l'appui de leur opinion que si on nomme un régent, on va diviser la France en deux partis, parce que M. d'Orléans à qui la régence échoit est regardé par une partie de la nation comme un intrigant et qu'au cas de refus de M. d'Orléans, il n'est pas possible de confier la régence à M. Conti dont les sentiments contre-révolutionnaires sont connus de tout le monde. Dans cette fluctuation d'opinions, on ne sait trop à quoi s'en tenir et quel est le bon parti à prendre. » (2)

Le 4 août, une députation du Faubourg-Saint-Marceau invite la Division du Finistère à se trouver le lendemain matin sur l'emplacement de la Bastille où se réuniront tous les patriotes. De là, on se

---

(1) Arch. L. 13. A. 907.
(2) Id. L. 13. A. 907.

rendra à l'Assemblée à laquelle on présentera une nouvelle pétition pour demander la déchéance du roi. L'avis général est de prendre les armes afin d'ôter toute envie aux partisans de la Cour d'arrêter la marche des patriotes. Chaque jour les sections de Paris invitent nos Bretons à assister à leurs séances, car « de grands coups seront portés incessamment. » « Le 5 août sera peut-être un grand jour. Puisse-t-il être, s'écrie Desbouillons, le premier de la véritable régénération de l'empire. »

« La capitale, écrit-il, le 6, est dans un état de crise dont il est difficile de se faire une idée. Chaque jour voit éclore de nouveaux projets de la part de nos ennemis et chaque jour tout est mis en usage par les patriotes pour faire avorter ces mêmes projets. Je sens aujourd'hui plus que jamais combien notre présence ici est indispensable et combien il serait à désirer pour la conservation de notre liberté et pour l'intérêt particulier de ceux de nos frères de Paris qui se sont décidés à mourir pour sa défense, que tous les départements eussent pris la même mesure que celui du Finistère, parce que notre victoire serait assurée et nous n'aurions pas à craindre un combat sanglant qui doit nécessairement s'engager sous peu entre les deux partis. »

Samedi, la grande majorité des sections était d'avis que l'on marchât en armes vers l'Assemblée nationale pour lui demander si oui ou non elle pouvait sauver la Patrie. Pétion, instruit assez à temps de cette démarche aussi inconstitutionnelle qu'inconsidérée, envoya samedi soir, par des officiers municipaux, une lettre circulaire dans toutes les sections pour détourner de ce projet. Cette circulaire produisit l'effet attendu car plusieurs sections ajournèrent à huitaine leur démarche et d'autres jusqu'à vendredi, jour où le corps législatif doit s'occuper de la discussion importante et épineuse de la déchéance du roi. Comme la conduite de ce dernier devient de jour en jour plus suspecte puisqu'il est vrai que depuis samedi il a cherché deux fois à s'évader et que d'ailleurs il se fait au château des Tuilerie un rassemblement d'hommes vendus au pouvoir exécutif, il est à présumer que l'abcès crèvera même avant vendredi, car le peuple se lasse de voir que l'Assemblée nationale dont la très grande majorité est gangrenée d'aristocratie, ait l'air de craindre de prendre un parti vigoureux.

Hier soir, sur les dix heures, tout le peuple était debout et il n'était rien moins question que de marcher vers les Tuileries où l'on disait y avoir une réunion de 6.000 Suisses armés jusqu'aux dents et disposés à se battre à outrance et de dix à douze mille chevaliers du poignard qui ont juré d'exterminer les fédérés qui sont maintenant à Paris. Dans le faubourg Saint-Marceau, où nous sommes maintenant casernés depuis hier, on battit la générale sur les 11 heures et on vint nous requérir au nom de la section des Gobelins et du bataillon dans l'arrondissement duquel nous nous trouvons. Je donnai de suite des ordres pour qu'on eût à se tenir prêt à marcher à la première réquisition légale et j'envoyai, en conséquence, quelques personnes prendre des informations sur ce qui se passait aux Tuileries et s'assurer en même temps si le mouvement du faubourg Saint-Marceau était général. Les envoyés, de retour sur les 2 heures du matin, ont annoncé que pour le moment tout était tranquille au Château, mais qu'on eût à se tenir sur ses gardes. En conséquence, j'ai donné des ordres pour que chacun de nous eût à se coucher tout habillé et à se tenir prêt à marcher au premier coup de baguette (1).

Sur ces entrefaites (le 6 août), de nombreuses lettres particulières parviennent à la division des diverses villes du Finistère. A Brest et à Quimper on s'étonne et on s'indigne de ce que la division ne soit pas encore aux frontières. Dans ces lettres on somme les volontaires de se rendre aux frontières et l'on déclare que s'ils restent à Paris « la honte et le mépris seront leur partage ».

Le Directoire du Finistère lui-même, mal informé sans doute de l'état de crise aiguë où se débat la capitale, leur écrit : « L'arrêté autorisant votre départ en armes pour Paris porte que les volontaires se rendront aux ordres de l'Assemblée nationale. Ces ordres, l'Assemblée vous les a donnés clairement, lorsque délibérant sur la demande que vous lui avez faite, dès votre arrivée à Dreux, d'entrer dans les limites constitutionnelles, elle a passé à l'ordre du jour motivé sur ce que son décret étant sanctionné, les volontaires ne pourraient avoir d'autre but en venant à Paris que de

____

(1) Arch. L. 13. A. 760.

se rendre au camp de Soissons ou sur les frontières. C'est là qu'est en effet le danger de la Patrie. C'est à la réserve de Soissons ou dans l'un des camps de la frontière que vous devez vous rendre si vous avez toujours à cœur de vous montrer fidèles aux lois de l'honneur ».

Tout cela affecte vivement nos braves compatriotes. Desbouillons répond dignement en leur nom : « Nos concitoyens de Brest et de Quimper, mal instruits des motifs puissants qui nous ont déterminés à rester dans la capitale conformément à leurs intentions premières, improuvent hautement notre conduite et se permettent même envers nous des épithètes qui ne conviennent guère à des citoyens qui, non contents de sacrifier leurs personnes pour la chose publique, lui sacrifient encore leur bourse. Ces citoyens nous blâment un peu légèrement et ne veulent pas convenir que le véritable danger est dans la capitale. Je vous le répète ici au nom de tous, nous irons aux frontières, au camp de Soissons, s'il le faut, et partout où besoin sera, lorsqu'il sera évidemment prouvé que le danger n'est plus à Paris. » Et Desbouillons avec une étonnante clairvoyance ajoute en post-scriptum à sa lettre : « Le véritable danger est bien dans la capitale et sous peu de jours notre liberté sera assurée pour jamais ou nous n'existerons plus. »

Cependant des bruits calomnieux continuent à se répandre dans le Finistère, sur le compte de la Division. Les sections de Paris se chargent de la défendre. Le 8 août, la section de la Place Vendôme et celle des Tuileries s'adressant aux administrateurs du Finistère déclarent : « En vain et méchamment on calomnie auprès de vous nos frères les fédérés de votre département. Leur conduite est irréprochable et ils méritent par leur civisme et leur fervent patriotisme, l'estime de leurs concitoyens. » (1) (Robert, président.)

« Les fédérés du Finistère se comportent en véritables amis de la liberté et tous les bons citoyens voient avec satisfaction qu'ils sont disposés à rester avec eux aussi longtemps que l'exigeront les circonstances critiques où se trouvent la capitale et l'empire ». (2) (Section des Tuileries. Bonjour, président.)

AUX TUILERIES

« Le 10 août, dit Michelet, fut un grand acte de la France. Elle périssait sans nul doute si elle n'eût pris les Tuileries. » (3) C'était, à cette époque même, l'opinion de tous les hommes clairvoyants, des Bretons en particulier, comme nous l'avons vu. Car « le 10 août ne fut pas une surprise : ce fut une lutte en plein soleil entre la royauté et la nation. On s'y préparait de part et d'autre depuis trois

---

(1) Arch. L. 13. A. 761.
(2) Arch. L 13. A. 762.
(3) Michelet : *La Révolution française*. Liv. VII, chap. 1.

longues semaines. Les deux faubourgs démocrati-
ques, Saint-Antoine et Saint-Marceau, s'entendaient
pour une action commune. Les anciens gardes
françaises mêlés au peuple, le formaient au courage
et à la discipline. » (1).

Les 150 fédérés du Finistère « l'honneur et la
bravoure même » (2), avec les 300 Marseillais
« levés et choisis avec soin parmi d'anciens militaires », formèrent le noyau et l'avant-garde de
l'insurrection.

Le Palais des Tuileries était défendu par des
forces considérables. « Le nerf de la garnison
c'était 1330 Suisses, soldats excellents, braves et
disciplinés, obéissants jusqu'à la mort. » (3). Un
grand nombre de royalistes, anciens gardes constitutionnels licenciés, des gardes nationaux, des
canonniers et plusieurs centaines de gentilhommes
« Chevaliers du poignard » étaient accourus au
Château prendre leur part du danger.

Quelques gentilhommes de province, sentant que
la lutte suprême allait s'engager, étaient venus à
Paris offrir au roi leurs services. Parmi ceux-ci
était Aleno de Saint-Alouarn, un Quimpérois. « J'ai
l'honneur, écrivait-il le 25 juillet à l'intendant de la
liste civile, de m'adresser à vous pour me procurer,
s'il est possible, une carte pour entrer au Château
des Tuileries. Je suis gentilhomme breton et venu
des extrémités de ma province, abandonnant
femme et enfants, sous le glaive d'une anarchie

---

(1) Rambaud. *Histoire de la Révolution*, page 131.
(2, 3) Michelet. *La Révolution française.* L. VII, chap. 1.

affreuse, pour faire un rempart de mon corps au meilleur des rois et à son auguste famille. Personne plus que moi n'est attaché à leurs Majestés. Périr à leurs pieds est mon devoir. » (1).

Un autre Finistérien, le dernier baron de Pont-l'Abbé, Baude de Saint-Père, ancien lieutenant-colonel de la garde constitutionnelle du roi, occupait le 10 août aux Tuileries, un poste de confiance et d'honneur. Le baron de Pont-l'Abbé commandait avec M. de Puységur la compagnie des gentilhommes destinée à garder la chambre du roi.

Ainsi, hasard ou logique des événements, des Blancs et des Bleus du Finistère se battaient autour du roi : les premiers parmi les défenseurs, les autres à la tête des assaillants des Tuileries.

Pour le récit de la journée mémorable du 10 août nous laissons la parole à Desbouillons.

« Le peuple fatigué de la faiblesse de l'Assemblée et convaincu d'après l'assertion des membres les plus distingués que lui seul pouvait sauver la Patrie, avait arrêté dans quelques sections des faubourgs une nouvelle insurrection pour jeudi soir, minuit, dans le cas où à cette heure l'Assemblée n'aurait pas prononcé la déchéance. Aucune représentation n'a pu le détourner de ce projet. Hier donc au coup de minuit la générale bat et le tocsin sonne dans presque tous les quartiers de la ville. Nous prenons aussitôt les armes et, d'après

______

(1) J. Trévédy, *Histoire du comité révolutionnaire*. Appendice page 32.

une réquisition par écrit de la section des Gobelins,
nous allons nous joindre au bataillon Saint-Marceau.
Le commandant de ce bataillon envoya dans différents quartiers pour apprendre ce qui s'y passait.
Nous sûmes que tous les bataillons sous les armes
restaient chacun dans son quartier. Il fut convenu
que nous nous réunirions à celui des Cordeliers et
au jour nous nous mîmes en marche. Nous prîmes,
en cet instant, ce bataillon auquel s'étaient joints
les intrépides Marseillais et nous nous acheminâmes
vers les Tuileries où nous trouvâmes quelques
bataillons. Nous nous rangeâmes en bataille sur la
Place du Carrousel. Nous y restâmes longtemps sans
savoir quel parti prendre. Il n'y avait aucun projet
de formé, aucun chef reconnu. Je fis avec plusieurs
de mes camarades tout mon possible pour réunir
les chefs des différents bataillons afin qu'ils chargeassent quelqu'un du commandement général.
Les chefs se réunirent mais nos efforts furent vains
car ils se séparèrent presque aussitôt.

Sans avoir de projet formé, nous savions tous
qu'il nous fallait attaquer le château des Tuileries
qui était rempli d'hommes armés et dont toutes
les portes étaient fermées. Le bruit s'était répandu
que vingt-deux chevaliers du poignard venaient
d'être arrêtés, et bientôt après, la tête de l'un d'eux
parut au milieu de nous. Cependant nous restions
dans l'inaction. Nous étions en petit nombre sur la
place du Carrousel et nous ignorions si des autres
côtés on était plus en force. La cour du Château
était remplie de canons et de canonniers de la

garde nationale. Nous avions eu l'occasion de le
remarquer parce qu'on avait ouvert plusieurs fois
la porte pour faire entrer ou sortir quelques personnes. Quant à nous, citoyens militaires, on avait
constamment refusé de nous laisser entrer. Quelques
têtes brûlantes se décident à forcer la porte. Les
haches se lèvent, la brisent et la renversent
aussitôt. Quelques personnes se hasardent à entrer
dans la cour. Des gendarmes s'avancent vers eux
en levant les chapeaux. On s'embrasse et on
emmène les gendarmes. On engagea à plusieurs
reprises la garde nationale qui gardait le Château à
les imiter. Elle céda en partie et se joignit à nous
pour enlever les canons qui étaient dans la cour.

J'omettais de vous dire qu'aussitôt que la porte
de la cour fut renversée des canonniers eurent
l'intrépidité d'entrer avec l'une de leurs pièces
qu'ils traînèrent au milieu de la cour et qu'ils bra-
quèrent sur la porte du Château. Il restait encore
quelques pièces dans le vestibule, mais on ne tenta
pas de les enlever. Cependant on entra sur-le-
champ et on monta une partie des degrés de
l'escalier sur lequel les Suisses s'étaient barricadés.
On fit tout pour les engager à quitter cette position
et à se réunir à nous. On n'avait d'autre intention
que de les désarmer. Ils refusèrent constamment
de céder à nos pressantes sollicitations. Un seul
d'entre eux s'était décidé à venir parler à la garde
nationale et descendait les degrés lorsque des
hommes, sans doute apostés et payés pour allumer
l'incendie, voulurent le poignarder. Il rejoignit

aussitôt ses camarades. On parlementait toujours.
Un coup de fusil avait été lâché sans que pour cela
l'affaire s'engageât. Les commandants des Suisses
et d'autres généraux persistèrent à dire que sans
ordre du roi, ils n'abandonneraient pas leurs postes.
« Vous voulez donc tous périr? » leur dit-on. « Oui,
répondirent-ils, nous périrons plutôt que de les
abandonner sans un ordre du roi ». Le bas de
l'escalier était rempli de citoyens dont la plupart
n'avaient que des sabres ; un des chefs des Suisses
reçut dans le mouvement un léger coup et aussitôt
une décharge générale écrasa ses concitoyens.
L'affaire s'engagea de toutes parts et des scènes
d'horreur se multiplièrent de tous côtés. Malheu-
reusement tous les bataillons de la garde nationale
n'étaient pas de notre parti. Plusieurs sont restés
dans l'inaction pendant le commencement de
l'affaire. On assure même qu'il y en a qui ont fait
feu sur leurs concitoyens.

Les Suisses firent une sortie qui fit tout plier
d'abord ; mais au moment même on les charge et
on les force de toutes parts. Les uns mettent bas
les armes, les autres fuient et se renferment dans
le Château et continuent de faire feu. Alors on fait
entrer l'artillerie dans la cour et on canonne de
toutes parts. On entre dans le Château et on achève
d'exterminer ceux qui s'y défendaient. Ceux qui
avaient fui du côté des Champs-Elysées, parmi
lesquels étaient les chefs, rencontrèrent un bataillon
de citoyens qui les arrêtèrent. Ils se formèrent en
bataillon carré et firent un feu terrible dans cette

position. On fit aussitôt avancer le canon et on les écrasa. Peu se sont sauvés et nous avons eu une victoire complète, mais elle nous a été bien funeste.

Ici, mêlez vos larmes aux nôtres ; elles coulent encore dans ce moment. Nos frères Berthomme et Kerséan ne sont plus et jusqu'ici nous ne connaissons que deux blessés : Augustin Loarer a reçu trois coups de feu à la jambe et Le Normand, un coup de sabre à la tête. Ni l'un, ni l'autre ne sont dangereusement blessés Plusieurs autres ont reçu des coups de feu ou de sabre dans leurs vêtements. Binard a eu son chapeau percé d'une balle et Quintric son bonnet de police qu'il avait sur la tête. Plusieurs camarades de la Division, officiers et autres, ont été touchés par des balles sans avoir été blessés. Nous faisons, le quartier-maître et moi, porter Loarer à l'hôpital, mais on peut être tranquille sur son compte. Quant à Normand, il en est quitte pour avoir perdu beaucoup de sang.

Nous nous sommes retirés vers une heure de l'après-midi. Il arrivait alors des bataillons de la garde nationale. Nous étions exténués de fatigue. Beaucoup d'entre nous, j'en suis un, n'avaient pas clos l'œil depuis trois jours. Nous nous sommes rafraîchis et à l'instant mis au lit d'où nous sortons en ce moment.

Lorsque nous avons quitté la place du Carrousel, les maisons qui la séparent de la cour du Château étaient en feu. Nous avons laissé à ceux qui nous succédaient le soin d'en arrêter le progrès. Nous n'avions pas alors connaissance de la marche des

Suisses de Courbevoie, sans cela nous eussions oublié nos fatigues pour voler à leur rencontre.

Il s'est trouvé beaucoup de traîtres dans les rangs ; on a bientôt fait justice de ceux qu'on a reconnus. On a pendu ou décollé plusieurs personnes qui enlevaient des effets du Château.

L'heure du départ du courrier me commande ; je ne puis vous écrire plus longuement.

A l'instant, j'apprends que Villeneuve a reçu un coup de feu à l'épaule, mais il n'y a rien à craindre pour ses jours.

Le commandant de la Division du Finistère,
P. DESBOUILLONS. » (1).

L'insurrection triomphe, mais la journée a été bien sanglante ; plus de deux mille hommes ont péri dans le combat.

APRÈS LE 10 AOUT

On connait les conséquences de la prise des Tuileries (2). Une commune insurrectionnelle remplace à l'Hôtel-de-ville la municipalité légale. Paris prend la direction du mouvement révolutionnaire et préside aux événements, même sous la Convention, jusqu'au 9 thermidor. L'Assemblée prononce la suspension du roi qui est enfermé au Temple avec sa famille. Le pouvoir exécutif est

(1) Arch. L. 13. A. 968.
(2) Voir les beaux ouvrages de M. Aulard sur la Révolution.

confié à six ministres élus par l'assemblée. Danton dont l'énergie a contribué au succès de l'insurrection du 10 août, devient le chef de ce Conseil exécutif provisoire (1). Supprimant la distinction entre citoyens actifs et citoyens passifs, l'Assemblée Législative établit le suffrage universel à deux degrés. Enfin, dès le soir du 10 août, cette Assemblée considérant sa mission comme terminée, confie à une Convention nationale le soin de réformer la Constitution et de faire face aux nécessités d'une situation nouvelle. La suspension du roi, le 10 août, est le prélude de l'abolition de la royauté et de l'établissement de la République. (21 et 22 septembre 1792).

Nous n'insisterons pas sur les évènements qui suivirent. Le rôle de la Division du Finistère, rôle considérable, prépondérant au 10 août est à peu près fini. Toutefois la Division reste à Paris jusqu'au 15 novembre. Elle y fait, à partir du 10 août, le service de la Garde Parisienne.

Volontiers à ce moment-là, les Bretons iraient encore aux frontières ; mais pour y aller il faut contracter un engagement de longue durée. Or,

---

(1) Le 10 août fut surtout l'œuvre de Danton. Le 27 mars 1793, Danton rappela à la tribune de la Convention devant des témoins oculaires, son rôle au 10 août. « J'ai, dit-il, amené le Conseil exécutif, les conseils des sections, la municipalité, les membres de la commune, les membres des comités de l'Assemblée législative à se réunir fraternellement à la mairie. Nous étions là une assemblée très nombreuse. Nous y avons combiné de concert les mesures qu'il fallait prendre. Chaque commissaire de section les a apportées au peuple ; le peuple les a applaudies, nous a secondés, et nous avons vaincu. (Aulard. *Etudes et leçons sur la Révolution française*, 5ᵉ série, page 289.

presque tous ceux qui composent la Division, décidés à faire un sacrifice de 5 ou 6 mois de leur temps lorsqu'ils ont quitté leurs foyers, n'ont jamais pensé qu'on pût exiger d'eux un plus long engagement. Quelques jeunes gens intimidés par les menaces de leurs concitoyens ont pris parti pour les frontières avant l'affaire du 10 ; quelques autres sont retournés chez eux et « si cela continue, dit Desbouillons, la Division ne tardera pas à se dissoudre entièrement. » (1).

Au 15 août, la Capitale est assez tranquille. On y exerce la plus grande surveillance ; on la purge de tous les hommes suspects et c'est à cette besogne de police que nos compatriotes s'emploient de leur mieux. Pendant les visites domiciliaires ordonnées par Danton le 29 août pour rechercher les armes et les suspects, les Bretons seront aux Barrières. Ils ont conquis la sympathie générale à Paris.

L'Assemblée nationale reconnaissant les services exceptionnels rendus par la Division, lui fait, en témoignage de haute confiance, l'invitation gracieuse d'avoir à fournir chaque jour deux piquets de 5 hommes : l'un pour le Temple où le roi est détenu et l'autre pour l'Assemblée elle-même.

Le faubourg Saint-Marceau a pris, en l'honneur des Bretons, le nom de « Faubourg du Finistère » Et, le 19 août, les citoyennes du faubourg du Finistère offrent à la Division une oriflamme brodée de leurs mains. Sur l'un des côtés on y lisait : « Donnée par les citoyennes du faubourg du Finis-

____

(1) Archives L. 13. A. 826.

tère, ci-devant faubourg Saint-Marceau », et sur l'autre : « Aux citoyens morts pour la défense de la liberté et de l'égalité le 10 août 1792 ». Puis, le 20 août la Division reçoit les félicitations du Conseil général du Finistère qui, « reconnaissant que la brave Division a bien rempli ses intentions et ses espérances. ordonne de faire mention honorable sur ses registres de la conduite qu'elle a tenue le 10 août. » Nos volontaires se montrent très sensibles à tous ces témoignages de satisfaction.

La Division, instruite par plusieurs lettres particulières de quelques troubles qui agitent le département du Finistère et, ne se croyant pas pour le moment utile à Paris, demande à retourner dans ses foyers. Mais, le 2 septembre. de mauvaises nouvelles arrivent des frontières (1). Immédiatement Desbouillons et ses camarades offrent à l'Assemblée de marcher à la frontière mais « volontairement et sans engagement ». Leur demande est renvoyée au pouvoir exécutif. Danton qui a pu apprécier les Bretons, tient à les conserver à sa disposition à Paris, où les vaincus du 10 août relèvent la tête et se reprennent à espérer la contre-Révolution. C'est du moins ce que nous pouvons inférer de la réflexion suivante de Desbouillons. « Je pense que des raisons politiques qu'il serait peut-être dangereux de déduire ici, font désirer à

(1) Investissement de Verdun. Le péril était extrême. On sonna le tocsin à Paris, on tira le canon d'alarme. « Le tocsin qu'on va sonner, s'était écrié Danton, n'est pas un signe d'alarme ; c'est la charge sur les ennemis de la Patrie. Pour les vaincre, il nous faut de l'audace, toujours de l'audace, et la France est sauvée ! » Le même jour commencèrent les massacres de septembre.

des hommes en place que nous restions à Paris,
du moins on peut le présumer par le silence que
l'on garde envers nous. »

Cependant les Finistériens sont impatients de
partir. Peut-être ont-ils déjà la nostalgie du pays,
peut-être aussi dans cette période troublée, sont-
ils inquiets sur le sort de leurs familles et, peut-être
enfin ont-ils été écœurés par le spectacle des massacres de septembre. Ce dont nous sommes bien
sûr c'est qu'ils ne participèrent nullement à ces
massacres. Ils n'en parlent jamais ; or, ils n'étaient
pas hommes à dissimuler leurs exploits et surtout,
ils n'étaient pas hommes à se livrer à de pareilles
besognes. Ils y assistèrent, sans doute, en specta-
teurs impuissants. Les septembriseurs, en effet, ne
tardèrent pas à être désavoués par la population
saine de Paris ; ils n'inspirèrent dans la suite que
mépris et dégoût. Les Bretons conservèrent la
sympathie de tous : preuve évidente que les massa-
creurs de septembre ne trouvèrent aucun complice
parmi eux.

Le 8 septembre beaucoup d'entre eux sont partis :
les uns aux frontières, les autres vers leurs foyers ;
70 seulement restent à Paris. Le départ du restant
de la Division est fixé au 5 novembre. Mais sur les
prières instantes des députés du Finistère à la
Convention (1) qui prévoient des troubles à Paris,
elle consent à retarder son départ de quelques
jours.

---

(1) Kervélégan, Blad, Quéinec, Guermeur, Gomaire, Bohan,
Guezno et Marec.

Au début de novembre, le prêt de 70 hommes pour 5 jours est volé avec effraction dans l'armoire du sergent-major. C'est une perte pour chaque volontaire de 6 livres 15 sous.

Le jeudi 15, novembre ils quittent enfin Paris, emportant, comme un précieux souvenir, l'oriflamme des citoyennes du Faubourg du Finistère. Ils voyagent sans étape et par conséquent au compte du département, le ministre de la Guerre ne leur ayant accordé qu'un ordre de route pour le logement et une voiture. Le soir, ils sont casernés au Château de Versailles. Le 16, ils sont à Montfort, le 17 à Dreux où ils séjournent. Ils passent à Verneuil le 19, à Mortagne le 20, à Alençon le 21 et à Préempail le jeudi 22. Ils y séjournent le 23.

Desbouillons quitte la Division à Préempail, « jaloux de passer par Fougères où il a presque toute sa famille ». Il a confié le commandement de la Division à son lieutenant Blaquière. On arrive à Rennes le 28 novembre. Blaquière, moins modeste que brave, commandant par intérim, s'autorise de ses nouvelles fonctions pour envoyer aux administrateurs du Finistère l'éloge de sa Division.

« J'assure, dit-il, que la patience des citoyens de la Division est admirable et courageuse. Ils souffrent sans rien dire et malgré les méchants et les calomniateurs ils peuvent dire être les fondateurs de la République française. Les dangers les plus graves ne les ont jamais étonnés. On peut assurer qu'ils font l'honneur du département du Finistère. Certains individus ambitieux qui ont tout négligé pour ne penser qu'à eux auraient pu être écoutés. Quant à tout ce qui a été dit sur notre compte cela ne nous a jamais découragés et la Division ne s'est point démentie un moment.

Nous osons espérer que l'on croira notre conduite intacte et que les orgueilleux et les méchants ne flétriront jamais notre mission. Elle se trouve parfaitement remplie. En nous examinant scrupuleusement nous avons la douce jouissance de nous dire : nous n'avons rien à nous reprocher. Si nous avions voulu nous venger, il y avait matière. Mais non, nous nous sommes contentés de pardonner les coupables et de prêter indulgence aux citoyens égarés. C'est la première fois que je m'entretiens de la Division et, comme partisan de la bonne foi et de la vérité, j'ai cru être obligé de la tracer ici et je ne crains pas d'être démenti par aucun de nos camarades.

Je termine en demandant instamment une juste indemnité pour la division qui mérite les plus grands égards : vous le verrez vous-mêmes à leur arrivée. Ils sont à moitié nus et dans cette saison marchant dans l'eau et dans la boue jusqu'à la ceinture. Je pense que l'on ne dira plus que c'est notre plaisir que nous avons cherché. »

La Division reste deux jours à Rennes afin d'assister à une fête civique organisée en son honneur et en celui des frères d'armes de Rennes, revenus des frontières.

A son passage à Saint-Brieuc, elle manque des objets de première nécessité : souliers et chemises.

Le Directoire se prête de la manière la plus généreuse à pourvoir à ses besoins. Les citoyens de cette ville lui font le meilleur accueil et disent hautement : « Voilà nos sauveurs ».

Le 8 décembre, la Division ne comptant plus que 56 hommes est de retour à Morlaix. Quatre jours plus tard, elle est à Brest et enfin le dimanche 16, vers midi, les Quimpérois fêtent le retour de leurs fédérés.

Le Conseil général du département, dans la séance du 11 décembre, en prévision de leur arrivée avait pris l'arrêté suivant :

« Considérant que les Fédérés du Finistère envoyés en juillet dernier sous les murs de Paris pour y être à la disposition de la Législative ont mérité l'estime générale de leurs concitoyens et l'approbation spéciale du département par leur empressement à voler au secours de la Patrie menacée, par leur intrépidité dans la journée mémorable du 10 août et dans les autres moments difficiles pendant leur long séjour à Paris ;

Considérant que leur bravoure et leur bonne conduite ont mérité au département du Finistère l'honneur de donner son nom à la section de nos frères de Paris, ci-devant appelée Saint-Marceau ; que pour prix de la valeur de nos fédérés, les Finistériens de Paris leur ont donné l'oriflamme qui va être déposée au sein de l'administration supérieure en signe d'union éternelle entre cette section et le département ;

Considérant qu'il est du devoir du Conseil général de donner au zèle et au civisme de ces braves citoyens soldats des témoignages éclatants de sa juste satisfaction ;

Oui le procureur général syndic en ses conclusions ; arrête que l'arrivée des Fédérés du Finistère, qui seront à Quimper dimanche 16 courant, sera honorée d'une fête civique ».

En conséquence, le Conseil général avait chargé trois commissaires, les citoyens Guillier, Doucin et Derrien de préparer cette fête et de s'entendre à cet effet avec le district et la Municipalité de Quimper.

APPENDICE

La Division du Finistère a été à la solde du département à compter du 27 juin au 10 août compris et, du 15 novembre au 22 décembre suivant. Du 10 août au 15 novembre elle a été à la solde de l'Etat ou de la commune de Paris.

Il était alloué à chaque officier, sous-officier, fusilier, armurier, tambour et chirurgien une paie de cinq sous par lieue pendant toute la marche et de 20 sous par jour dans tous les lieux de séjour, ainsi qu'à compter du lendemain de l'arrivée de la Division à Paris. Les quatre dragons seuls recevaient 4 livres par jour.

Le 12 août, la commune de Paris leur alloua, conformément à un décret de l'Assemblée, une gratification de 3.000 livres (soit environ 20 francs par homme) prise sur la caisse de la Fédération.

La Division du Finistère coùta au département 16.260 livres. Cette somme fut en grande partie couverte par les souscriptions volontaires des communes.

(Brest 10.075 livres ; Douarnenez 448 ; Chàteaulin 481 ; Landerneau 1.064 ; Saint-Pol 67 ; Morlaix 1.500 ; et Quimper 1.664 livres).

État nominatif de la Division du Finistère

Nous avons composé ce tableau d'après trois états de solde. Nous avons groupé les divers renseignements dispersés dans ces trois états pour les présenter en un seul tableau, par district et par ordre alphabétique, afin de faciliter les recherches du lecteur.

Les noms suivis d'un astérisque sont ceux des signataires de la lettre collective du 30 juillet. Les autres volontaires étaient sans doute illettrés.

État nominatif des hommes composant la Division du Finistère

DISTRICT DE BREST

ALLAIN, Pierre-Franç.	fusilier	
AUBRÉE, Alexis-G^{me}	—	congédié le 8 septem^{bre}
BARRÉ, * Esprit	caporal	
LE BARS, * Maurice	fusilier	
BAUCHET, Alain	—	blessé à l'affaire du 10 août
BAZIRE, * Jean-Marie	—	congédié le 8 septem^{bre}
BERVAS, Guillaume	—	
BERTHOMME, * Georges	dragon	tué aux Tuileries le 10 août
BIHAN, * Yves	fusilier	congédié le 8 septem^{bre}
BINARD, Vincent-Adrien	—	
BIRON, Jean-Henri	—	
BLAQUIÈRE, * Jean-P^{re}	1er lieutenant	
BLÉE, * Vincent-Marie	sergent	à l'hôpital à Paris, le 28 août
BODÉNAN, * Louis	fusilier	congédié le 8 septem^{bre}
BOUGARAND, * Jean-M^{ie}	—	
BRIANT, * Gilles	—	
BRIAND, Raulx	—	porté déserteur le 6 juillet.
BUZARÉ, Hervé	—	
CABON, * Denis-Marie	—	
CAROFF, * Gilbert-Marie	—	

DISTRICT DE BREST (suite)

CHAPALON, Pierre	—	hôpital de Dreux le 24 Juillet. Arrivé à Paris le 31 Juillet
CLOAREC, Pierre	—	hôpital de Dreux le 23 juil. Ar. à Paris le 31 Juil., congédié le 8 sept.
CONAN, * Jean-Marie	—	congédié le 8 septem^bre
CONDÉ, * Auguste	—	
LE DANT, Louis	—	congédié le 8 septem^bre
DARRAS, * Jean	sergent	
DELCAMBRE, * Pierre	caporal	congédié le 8 septem^bre
DELGOT, * Pierre	fusilier	—
DESLANDES, * Yves	—	
DELMOTTE,* Yves	caporal	
DESBOUILLONS,*P.-F.	capitaine	
DIESBACK*	fusilier	
DUVAUX,* Félix	—	
FAURÈS, Jean-François	—	
FÉBURIER, * Georges	—	
FINCK, Augustin	—	
LE FLOCH, Jean	fusilier	congédié le 8 septem^bre
FROIDEVAUX *	brigad^r-dragon	
FONTAINE,* Jean-Pierre	2e lieutenant	
FOURNIER. * Pierre	fusilier	porte-drapeau
GALLOU, François	—	congédié le 8 septem^bre
GAZILLE,*Honoré-Cath^ne	—	
GRILLET, Claude	—	congédié le 8 septem^bre
GUÉGUEN,* Hamon	—	
LE GUEN,* René	—	congédié le 8 septem^bre
GUÉRIN. * Guillaume	caporal	congédié le 8 septem^bre
GUIASTRENNEC,* Y.-M.	fusilier	
GUILLOU,* Julien	—	
HÉRAUT,* Jean	—	congédié le 8 septem^bre
HEURTEBIZE. Claude	—	—
KEROMNÈS, François	—	
KERSÉAN	dragon	tué le 10 août aux Tuileries
LA FORGUE, * Hervé	fusil^er-chirurg.	
LAINÉ. * Pélerin	caporal	
LAROCHE,* Jean-Louis	caporal	congédié le 8 septem^bre
LAZOU, René	fusilier	—
LEFÈVRE,* Pierre	—	—
LÉON,* Henri-Marie	—	

DISTRICT DE BREST (suite)

Nom	Grade	Observations
LOARER,* Augustin	—	blessé le 10 août, à l'hôpital, le 11 août, sorti le 30 août.
MAHO, Jean-François	—	congédié le 8 septem^{bre}
MALLÉNEC, Charles	—	congédié le 4 Juillet à Belle-Ile sur sa demande.
MAZÉAS, Joachim	—	
MELLOC, Jean-Marie	—	
MERCIER,* L.-Sébastien	—	
MEUDIC,* Cadet-Yves-Marie	caporal	congédié le 8 septem^{bre}
MEUDIC,* Jacques-Yves	sergent	—
MILLET, Maximilien	fusilier	
LE MOAL,* François-M^{ie}	—	congédié le 11 septem^{bre}
LEMOINE, Claud^e-Joseph	—	
MORVAN,* Tanguy	—	congédié le 8 septem^{bre}
NAMBOUR, Louis-Pierre	—	—
NORMAND,* Jean-Franç^s	—	blessé aux Tuileries
LE PARC,* Jean-Pierre	fusilier	
PARCOU, Pierre	—	hôpital de Paris le 4 août, sorti le 20.
PERDRIAUX,* Louis	sergent	
PERRIER, Jean-François	fusilier	congédié le 11 septembre
PERONNET, Claude	—	
PERROT, Hervé	—	
PICAUT,* Jean-Louis	—	
PINCEMIN,* René	—	congédié le 8 septem^{bre}
PIRIOU*, Charles	—	—
POUDROUX, François	—	—
PROT, Joseph-Marie	—	
QUENTRIC,* Jean-Louis	—	congédié le 8 septem^{bre}
RABY,* Julien-Cadet	caporal	—
RIVOAL,* Gilles	fusilier	
LE ROI,* René	—	congédié le 8 septem^{bre}
ROUSSEY, Joseph	—	
RUELLAN,* Yves	—	
SAVETIER,* Jacques	—	
SOUDRY, Jean-Louis	—	congédié le 24 août
SOUDRY,* Nicolas	dragon	
TRÉGUIER,* Jean-Corⁿ	2e sous-lieuten^t	
VALLÉE,* Auguste	1er sous-lieuten^t	congédié le 25 août pour affaire de famille.
VAUVER,* François	tambour	
VILLENEUVE, Louis-M^{ie}	fusilier	blessé aux Tuileries

DISTRICT DE QUIMPER

BRISORGUEIL, Nic^{las}-R.	fusilier	
CARIOU,* Yves-Marie	caporal	
CHARUEL,* Henri	fusilier	congédié le 8 septem^{bre}
CHARUEL, Xavier	—	—
CHESNEL,* Joseph-Marie	sergent	—
COROLLER,* Dominique	3e sous-lieuten^t	
GOLIAS, Louis	fusilier	
LE GUILLOU, Pierre	—	
HARVEL, Corentin	—	
JÉZÉGABEL, Bastien	fusilier	congédié le 8 septem^{bre}
JOUBERT, Dominique	—	porté déserteur le 12 juillet
LARGENTON, Jean-L^s	—	congédié le 8 septem^{bre}
MESLIN, Pierre	—	
DREULETTE, André	—	
POUDOULEC, Hervé	—	a l'hôpital à Paris le 5 août, sorti le 11 août.
RIOU, Germain	—	congédié le 8 septem^{bre}
RIOU, Pierre	—	
VACHEROT,* Claude	caporal	
LE YAR, François-Marie	fusilier	

DISTRICT DE CHATEAULIN

LE BERRE,* Clet-Joseph	fusilier	congédié le 8 septem^{bre}
LE BRETON,* Jean-Joachim	—	—
LE BRETON, Charles-Hervé	—	—
DELAUNAY, François	—	
GUÉGUENOU,* Joseph	—	—

DISTRICT DE PONT-CROIX

LAPLANCHE,* Antoine	sergent	congédié le 8 septem^{bre}
TUTOR,* François	fusilier	—

VILLE DE SAINT-POL-DE-LÉON

GUÉLÉRAN,* Célestin	fusilier	congédié le 8 septembre
RIDAR,* Gabriel	—	blessé aux Tuilleries
SALAUN, Pierre-Marie	—	congédié le 8 septembre

DISTRICT DE MORLAIX

ANTOINE,* Jean-Marie	fusilier	congédié le 15 août
BRANELLEC, Pierre	—	blessé le 10 août aux Tuileries
CASTEL,* Nicolas	—	congédié le 8 septembre
CLOAREC,* Jean	—	— le 14 août
LE GAC,* Pierre	—	— le 15 août
GUILLEMET,* Denis	—	— le 8 septembre
GUILLOU, Yves	fusilier	congédié le 8 septembre
KERVERN, Jacq{ues}-Antoi{ne}	—	renvoyé de la division le 31 août, d'après le vœu de tous ses camarades, pour inconduite et insubordination
MORVAN, Noël-Marie	—	
SÉVENNEC,* Pierre	—	congédié le 14 août
TROADEC,* Louis	—	engagé le 13 août au régiment d'Orléans
TOSTIVIN, André	—	

DISTRICT DE LANDERNEAU

BELLEGARDE,* Alain	fusilier	
CREUZEL,* Julien	—	parti pour les frontières le 9 août
CREUZEL,* Jean-Marie	—	
DURAND,* Pierre	—	à l'hôpital à Paris le 5 août, sorti le 16 août.
DUTOYA, Jean-Marie	—	parti le 8 août pour les frontières
GOURVÈS,* Alain	—	congédié le 8 septembre
JOUGA	—	
LEISSÈGUES,* Nicolas	3e lieutenant	congédié le 28 août
LEMAISTRE, Pierre-Mar{ie}	fusilier	parti pour les frontières le 9 août.
LE MOAL, Pierre	—	à l'hôpital le 5, sorti le 20 août, congédié le 8 septembre.
PICHON,* Louis-Marie	caporal	parti pour les frontières le 9 août
TAILLEBOIS,* Jean-L{e}	caporal	

DISTRICT DE LESNEVEN

GOUJEON, René-Guil{me}	fusilier	à l'hôpital de Rennes le 12 juillet, arrivé à Paris le 18 août.
JOSEPH, Yves-Etienne	—	congédié le 8 septembre
JOSSIC, Charles-Marie	—	

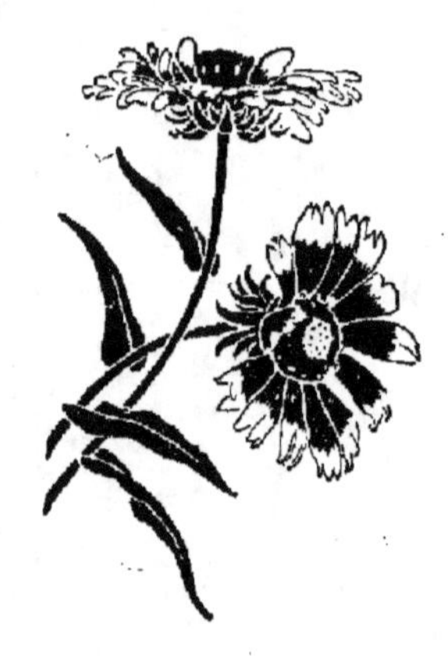